La guerra
y el contrato social en Colombia

La guerra
y el contrato social en Colombia

WILLIAM RAMÍREZ TOBÓN

UNIVERSIDAD
NACIONAL
DE COLOMBIA
SEDE BOGOTÁ
INSTITUTO DE ESTUDIOS POLÍTICOS Y
RELACIONES INTERNACIONALES-IEPRI

Ramírez Tobón, William
    La guerra y el contrato social en Colombia / William Ramírez Tobón. -- Bogotá :
Penguin Random House, 2015.
    208 páginas ; 14 x 23 cm. -- (Debate - Colección Iepri 25 años)
    Incluye bibliografía.
    ISBN 978-958-8806-98-3
    1. Violencia - Colombia 2. Conflicto armado - Colombia
3. Historia política - Colombia 4. Colombia - Política y gobierno I. Tít.
II. Serie.
303.6 cd 21 ed.
A1496774

        CEP-Banco de la República-Biblioteca Luis Ángel Arango

La guerra y el contrato social en Colombia

Primera edición: septiembre, 2015

© William Ramírez Tobón
© 2015, Instituto de Estudios Políticos y Relaciones Internacionales
Universidad Nacional de Colombia
© 2015, de la presente edición en castellano para todo el mundo:
Penguin Random House Grupo Editorial, S. A. S.
Cra. 5a. A N°. 34-A-09, Bogotá, D. C., Colombia
PBX: (57-1) 743-0700
www.megustaleer.com.co

Impreso en Colombia-*Printed in Colombia*

ISBN: 978-958-8806-98-3

Compuesto en caracteres Garamond
Impreso en Editora Géminis Ltda

Penguin
Random House
Grupo Editorial

Índice

INTRODUCCIÓN

Fue al recibir el nuevo siglo veintiuno cuando el Instituto de Estudios Políticos y Relaciones Internacionales, IEPRI, en un libro escrito a propósito de la coyuntura, decía lo siguiente:

> El paso de un siglo al siguiente tal vez sea una simple convención. Sin embargo, porta un contenido simbólico tal que constituye una valiosa ocasión para hacer balances y plantear caminos y perspectivas. Esta oportunidad se convierte en una imperiosa necesidad en el caso de Colombia, sumida en una situación interna que hoy presenta un panorama vertiginoso e inasible y un porvenir que parece hundirse fatalmente en las sombras, en medio de una coyuntura crítica para la estabilidad de las frágiles democracias de la región andina (*Rodríguez, ed.*, 2000).

El libro tuvo un buen recibo, tal como lo mostraría el diario *El Espectador* al editorializar sobre su publicación y hacerse la reflexión siguiente: "¿Por qué no somos capaces de ver la guerra civil que el mundo entero sí ve en Colombia? Hemos aplazado desde hace dos siglos un contrato social fundado en la construcción de una sociedad equitativa y viable". Y es que ya en ese momento las discusiones sobre el conflicto armado vigente en Colombia se centraban cada vez más en torno a la guerra civil como un concepto "difícil de formular". Algo peculiar en un país que, como el nuestro, tenía el dramático antecedente de haber logrado hacer en un solo siglo nueve guerras civiles de alcance nacional, "además de no menos de setenta revueltas, alzamientos, golpes, pronunciamientos y confrontaciones de alcance parcial" (Rueda, 2004, p. 43).

En todo caso y por los mismos días, el historiador Eduardo Posada Carbó haría la primera reseña general en torno a los debates que se venían haciendo sobre si el conflicto colombiano podía "definirse como una guerra civil". Algo que, según él, no debía verse como "una discusión meramente semántica" o un "debate teórico y abstracto", toda vez que la controversia era uno de los elementos básicos de la solución del conflicto (Posada, 2001). Y un aporte al logro de la paz al apoyarse en "profundas razones prácticas" para indagar por la naturaleza del conflicto y abrir posibilidades para enfrentar su solución. Consideraciones estas al final burladas por el descarrío del debate como efecto de ofuscadas y descalificadoras contraposiciones. Una de ellas, la agresiva artillería verbal contra la caracterización de "guerra civil" calificada como "políticamente perversa", "grave torpeza intelectual", "objetivamente ligera e incorrecta". Otra, ya no agresiva pero autosuficiente con ostentación al proponer el uso de refinadas e ingrávidas nociones para calificar el conflicto: "guerra contra la sociedad civil", "contra los civiles", "sociedad rehén de los actores armados o, aun, *societé prise en otage*". Y, en fin, como si no fuera suficiente, la alternativa auto-flagelante según la cual el colombiano era víctima de una particular proclividad histórica para el desgarramiento social: un destino manifiesto que hacía de las armas el medio más expedito para arbitrar sus diferencias en torno al manejo de la nación.

No obstante y pese a todo lo anterior, empezarían a abrirse nuevas perspectivas tales como la de Peter Waldmann, para quien la guerra civil era, de por sí, "un concepto difícil de formular" (Waldmann, 1999, p. 35),presupuesto este del cual se desprendían dos características: a) la ausencia de un prototipo de guerra, dado que esta tendía a abarcar un amplio espectro de formas y estilos; b) la creciente desregulación de tales guerras y el cambio de motivación y actitud de los combatientes (*ibíd.*, pp. 35-36). Una perspectiva, la anterior, cerrada de manera abrupta por el IEPRI a partir del año 2006 mediante una curiosa y nueva visión académica, según la cual, de una guerra en apariencia indefinible habíamos pasado a una "guerra sin nombre" (VV. AA., 2006, p.13). Y que desde otro frente, ya no académico sino político, el gubernamental uribista, se pasaría a negar la existencia en Colombia de un "conflicto interno armado" con el fin de rebajar la insurgencia guerrillera a un nivel de simple delincuencia común.

En todo caso, mientras desde la academia se le quitaba el remoquete de contienda civil a nuestra guerra para dejarla como una simple NN, desde el Gobierno de Uribe se le negaba el carácter de conflicto interno para dejarla como un simple tipo de delincuencia común. Degradación esta enmendada por el Gobierno de Juan Manuel Santos al reconocer que "hace rato hay conflicto armado en este país", e incorporarlo como concepto dentro de la ley de reconocimiento y protección de víctimas que tramitaba el Congreso de la República en ese momento. Situaciones todas estas que evocaban la pertinencia de Peter Waldmann al señalar cómo, en lugar de prototipos de guerra civil para nuestro caso, deberíamos levantar mapas específicos sobre la naturaleza y evolución de nuestro conflicto. Una geografía conceptual a partir de la cual se destaquen los perfiles y alcances de ese acumulado bélico sobre el que se ha levantado nuestra historia social y política. Y que en el particular momento que vivimos actualmente ha sido extendida sobre una mesa de negociaciones en la que los protagonistas de más de medio siglo de violencia, se han visto compelidos a buscar un efectivo proyecto de paz.

EL FETICHISMO CONSTITUCIONAL

El Contrato Social originario es la gran metáfora constitutiva de la sociedad moderna. Tal como fue enfatizado por Hobbes, Locke y Rousseau, creadores de esta gran figura interpretativa, apunta más a un modelo virtual sobre la naturaleza de la sociedad que a un registro empírico sobre su evolución a lo largo del tiempo. Un modelo de socialización del ser humano concebido ya no como un don natural o una prestación divina, sino como resultado concreto del hombre mismo en sus ineludibles y contradictorios contactos interpersonales y de grupo. Y que desde los mandatos político-morales del *deber ser* y los eventuales logros efectivos del *llegar a ser,* va conformando las dos dimensiones fundamentales de la entidad social: el Estado y la Sociedad Civil. Dos dimensiones entrecruzadas por la contradicción propia de un sujeto social que, pese a su interés en darles unidad, las separa constantemente. Con la consecuencia de alentar una dinámica que no obstante su carácter de libre acuerdo, termina por imponer pulsiones de fuerza y coacción como factores determinantes de su mantenimiento.

¿Un contractualismo coactivo, beligerante, como metáfora fundacional de sociedades en las que el contrato social surge por lo general de pactos salidos de la confrontación armada? Esta podría ser, tal vez, la inferencia aplicable a una historia como la nuestra sometida desde sus comienzos a consecutivas pruebas de fuerza bélica para imponer sus contratos sociales. Hasta conformar en la perspectiva continental una historia de repúblicas salidas de las revoluciones hispánicas según un especial contexto global: el ocaso de un imperio mundial que intentaría transformarse en una monarquía constitucional ampliada sobre las dos riberas del Atlántico (Calderón & Thibaud, 2006, p. 15). Y que ya bajo su crisis final entre 1808 y 1810, le cedería parte de sus derechos soberanos a "los pueblos" peninsulares mediante juntas de Gobierno receptoras de una particular soberanía policéntrica. Con el resultado final de que tales juntas, por efecto de sus lealtades encontradas, terminarían transformando "la revolución conservadora de los derechos del Rey en una dinámica de guerras fratricidas que construyen y deconstruyen durante muchos años el mapa político de América hispánica" (Lemperiere, 2006, p. 58). Un mapa político que en el caso de la primera república granadina (1810-1816) daría lugar a dos posiciones frente a la metrópoli española: la autonomista y la independentista. Esta última generadora de la Declaración de Independencia Absoluta de Cartagena de Indias en 1811 dada "la facultad que tiene todo pueblo por separarse de un Gobierno que lo hace desgraciado" (*Ibíd.*). Y que en el caso del autonomismo reconocería al monarca siempre y cuando "venga a reinar entre nosotros, quedando por ahora sujeto este nuevo Gobierno a la Suprema Junta de Regencia" (Ocampo, 2007, p. 55), según el Acta de la Revolución de Santa Fe de Bogotá del 20 de julio de 1810. Condición esta vista por muchos como estrafalaria pero cuyo contexto histórico sería expuesto con claridad por Simón Bolívar en su *Carta de Jamaica,* de 1815, en la que además haría una estratégica mención del contrato social como fuente de la historia americana:

El Emperador Carlos V formó un pacto con los descubridores, conquistadores y pobladores de América, que (...) es nuestro contrato social. Los reyes de España convinieron solemnemente con ellos que lo ejecutasen por su cuenta y riesgo, prohibiéndoles hacerlo a costa de la real hacienda, y por esta razón se les concedía que fuesen señores de la tierra, que organizacen la administración y ejerciesen la judicatura en apelación, con muchas otras exenciones y privilegios que sería prolijo detallar. El Rey se comprometió a no enajenar jamás las provincias americanas, como que a él no tocaba otra jurisdicción que la del alto dominio, siendo una especie de propiedad feudal la que allí tenían los conquistadores para sí y sus descendientes. (Pino, 2001, p.122).

Un contrato social que, pese a la delegación de poderes por parte de los soberanos de España a sus súbditos americanos, llevaría a estos a cursarle invitación al rey para "reinar entre nosotros" y renunciara a esa jurisdicción de "alto dominio" impuesta desde Carlos v. De todas maneras y así fuera más figurativa que real, tal ocurrencia criolla no dejaba de mostrar el surgimiento de visiones sobre un destino nacional en el que pronto aparecerían "sus propias juntas, emprendiendo un movimiento por la autonomía que revistió las características de una cultura política hispánica común". (Macfarlane, 2009, p. 40). Todo ello bajo la expresa declaración de que las juntas eran "depositarias de la soberanía que, en ausencia del rey legítimo, había recaído en el pueblo."(*Ibíd.*). Y bajo el respaldo de un constitucionalismo que asentado en las Cortes Generales de Cádiz de 1810 le daría cuerpo a esa

[...] "revolución liberal de guante blanco" con alcances en los que se abre la libertad de expresión, la Inquisición es abolida, se suprimen los diezmos, desaparecen los señoríos jurisdiccionales y los mayorazgos, y se reivindica la libertad de trabajo. (García y González, 1996, p. 431).

Así fue como España, tras sus esfuerzos para acreditar un frágil y vacilante poder republicano, llenaría todo el siglo XIX con sus seis constituciones y otro tanto de proyectos frustrados. Con declaraciones como la de que "la Nación española es la reunión de los españoles de ambos hemisferios", conquistadores y conquistados, en pie de igualdad. Y con la singular coexistencia de la carta constitucional de Cádiz con las de Cundinamarca, Tunja, Antioquia y Cartagena, algo destacado por el patriota Jorge Tadeo Lozano como un "vigoroso constitucionalismo". (Posada, 2012a,). Tributario de grandes fuentes filosóficas y políticas europeas tal como lo mostraban las evocaciones a Rousseau y a la Revolución francesa como garantes de "los derechos imprescriptibles del hombre y del ciudadano". (Palacios y Safford, 2002, p. 208). Trasfondos conceptuales e históricos estos que aún hoy nutren discusiones sobre "si las doctrinas del contrato social aducidas desde 1810 reflejaban las influencias de la Ilustración, o más bien se inspiraban en la teoría política española del siglo XVI". (*Ibíd.*, p. 207). Y en las que se resalta la supuesta precocidad de que ya antes de la Carta de Cádiz, la Nueva Granada hubiera proclamado las constituciones de Cundinamarca, Tunja y Antioquia. O la también "precoz" traducción al español de la Constitución de los Estados Unidos hecha en 1811 por Miguel Pombo, acompañada de un extenso discurso preliminar sobre el sistema federativo. (Posada, 2012, p. 17).

Así que la Carta de Cádiz con su monarquía constitucional levantada sobre la división de poderes, la ampliación del sufragio y la libertad de imprenta parecía ser, según ciertas y posteriores miradas criollas, una más entre la llamada "explosión constitucional en la región."(*Ibíd.*). Pero una explosión de juegos pirotécnicos que frente a los reales cañonazos de Morillo sobre Santa Marta a mediados de 1815, todavía se permitirían iluminar las fantasías de los dirigentes criollos con tres cartas constitucionales más: las de Antioquia, Cartagena y Mariquita. De todas maneras, pese a la derogación de

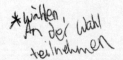

16

la Carta de Cádiz por Fernando VII en 1814 y a la llegada de la expedición armada de Pablo Morillo a nuestras costas, las cartas constitucionales seguirían animando los inquebrantables sueños republicanos. Hasta hoy día en que "por su precocidad, magnitud y diversidad, el trabajo constitucional de los revolucionarios neogranadinos" es visto como una "explosión constitucional" de enorme resonancia política a todo lo largo del mundo iberoamericano". (Posada, 2012a). De todas maneras a la primera república granadina no se le puede negar su singular variedad de formas constitucionales: Mompox como ciudad, Antioquia como provincia, Cundinamarca y Cartagena como Estados, Tunja como República. Variedad a la cual habría que agregar la "Federación de las Provincias Unidas de la Nueva Granada", rota en 1812 por una guerra civil entre federalistas y centralistas un año después de constituida y cuyo desenlace en 1814 haría capitular al Estado de Cundinamarca ante Simón Bolívar para darles paso a las nuevas Provincias Unidas de la República Granadina. Un cierre de telón este que seguido por la llegada a Santa Marta de las tropas españolas de Pablo Morillo y su arribo a Bogotá a mediados de 1816, acabaría con la primera república granadina de ahí en adelante llamada "Patria Boba", despectivo remoquete que, además de todo, desmotivaría los intentos para analizar con seriedad ese particular momento de nuestra historia republicana.

En todo caso, más que bobería e ingenuidad, lo destacable en esta coyuntura era la creciente valoración de lo constitucional propia del mundo occidental a comienzos del siglo XIX. Una valoración que resaltaba los méritos de una burguesía española cuya mayoría liberal se enfrentaba, en las Cortes de Cádiz, a los "serviles" partidarios de la vieja España. Una vieja España cuyos núcleos conservadores buscaban abatir a una opción liberal que, tanto en la metrópoli como en la colonia, parecía embebida en los enunciados de una sociedad más deseable que real, hasta el punto de quedar atrapada en un fetichismo de lo constitucional bajo el cual la concreta vida social y política terminaba transferida a la abstracta normativa del derecho. Una inversión fetichista bajo la cual las cartas constituyentes parecían asegurar por sí mismas la independencia de las naciones, Estados o repúblicas recién separados de la corona española. De tal manera que en la específica coyuntura de regiones y ciudades tales como Mompox, Cundinamarca, Cartagena, Tunja, Antioquia, Mariquita y Neiva, lo legislativo tendría el alcance para imponer dos tareas: a) conjurar los vacíos políticos dejados por el derrocamiento del monarca Fernando VII en 1808, y b) conservar los derechos del rey como una forma de preservar los derechos de los reinos y los vasallos". (Lemperiere, 2006, p. 63). Supuestos que en lugar de disuadir terminarían por alentar la guerra civil entre dos visiones opuestas: la autonomista, guardiana de los derechos del rey hasta su retorno; la independentista, orientada a lograr una inmediata separación de la corona. Una dramática muestra, sin duda, de "la inexperiencia y la cortedad de miras de muchos dirigentes criollos de la Nueva Granada" incapaces de formar Gobierno y de armar una "defensa coordinada para enfrentar las fuerzas realistas". (Palacios & Safford, 2002, p. 217). Y una evidencia de ese fetichismo de lo normativo desde el cual se daba por supuesto que la fuerza y la vigencia del contrato social dependían de sus solos enunciados. Tal como ocurriría con el primer contrato social propuesto a comienzos de república granadina mediante Acta de la Revolución de Santa Fe de Bogotá de 1810: que el rey "venga a reinar entre nosotros", quedando por ahora sujeto este nuevo Gobierno a la Suprema Junta de Regencia "mientras exista en la Península, y siempre regulado por la Constitución que le diera el pueblo." Propuesta formalmente vigente entre 1811 y 1814, cuando Simón Bolívar tomó por la fuerza de las armas a Bogotá y estableció el Gobierno de la Nueva Granada, toma militar que empezaría a ajustar el desequilibrio entre la normativa constitucional y la construcción de una defensa nacional, tal como sería expresado por Bolívar en su "Manifiesto de Cartagena" a propósito de la derrota de los patriotas en Venezuela en 1812. Un crucial diagnóstico este encargado de mostrar la inadecuación de las constituciones federalistas respecto de las condiciones políticas y militares de la joven república venezolana: "tuvimos filósofos por jefes y sofistas por soldados", más formados en la imaginación de "repúblicas aéreas (que) en la práctica del Gobierno". Conclusión bajo la cual se actuaría "sin atender a leyes ni constituciones, ínterin no se restablezcan la felicidad y la paz". (Meisel, 2012).

EL CONTRATO SOCIAL INDEPENDENTISTA

El invento de la nación colombiana empieza a configurarse en 1819 cuando, con la Gran Colombia, una vez culminada la guerra de liberación, emerge un contrato social orientado a darle forma a nuestro primer proyecto de Estado-Nación. Contrato fundacional que enmarcado dentro del contexto histórico de las revoluciones norteamericana y francesa, debía proporcionar una gobernabilidad sostenible dentro de las formas liberales predominantes en el continente americano. Y que como compromiso contractual debía acreditarse en una Carta constitucional contentiva de condiciones que desde su ubicación física y hasta sus estructuras de Gobierno, le darían forma a una república cuyos límites eran los que hoy contienen, con algunas variaciones, a Colombia, Ecuador, Panamá y Venezuela.

No obstante lo que a partir del nombre, la Gran Colombia, parecía acreditarse como un gran espacio geográfico para una grande y sólida cimentación nacional, pronto empezó a distorsionarse. En efecto, pese a los reconocimientos diplomáticos dados a la joven república por Estados Unidos (1822), Inglaterra (1825) y el Vaticano (1827), el inmediato futuro de la Gran Colombia empezó a ser comprometido por liderazgos y planes personales entre los cuales sobresalían los del libertador Simón Bolívar. Y para cuyo cumplimiento este llegaría a sobredimensionar la presencia española en el Perú con el fin de justificar, en 1826, la toma por sus fuerzas armadas de la fortaleza de El Callao. Una muy personal interpretación estratégica sobre la frontera sur de la república que le daría a Bolívar la oportunidad de marcar una línea definitiva frente al protectorado del general José de San Martín. Y costosa, sin duda, tal como lo mostrarían sus gravosos efectos sobre la situación interna de la Gran Colombia en términos militares, económicos y sobre todo políticos. Así que el disentimiento entre el presidente Bolívar y el vicepresidente Santander frente a la campaña peruana, se extendería a sus antagonismos en torno al contrato social en formación: Bolívar más propenso a un Estado elástico, ampliable según el ritmo y el tamaño de sus enormes ambiciones continentales; Santander, inclinado a un régimen estatal ceñido a las dimensiones de lo que su juicioso realismo y escrúpulos civilistas le señalaban como posibilidad inmediata. El pragmatismo administrativo del segundo, la proyección utópica del primero, dos diferencias que dificultaban la asociación gubernamental frente al proyecto de un contrato social adecuado a la difícil coyuntura nacional. Tal como lo mostraría el destino final de la Gran Colombia bajo la desmembración territorial y política de la joven república "llena de divisiones y de partidos", como se quejaba Joaquín Mosquera en 1829 al aceptar la presidencia. Y es que la agitación nacional era, sin duda, alarmante, tal como lo mostraban dos hechos: la insubordinación de batallones para pronunciarse a favor o en contra de lo que ya era Bolivarianismo o Santanderismo, y el desconocimiento de la Constitución por parte de algunas provincias interesadas en modificar su lugar y pertenencia dentro del orden político-administrativo nacional. Un dramático escenario poco propicio para el pacto fundacional, consensual y estable, necesitado por la novicia sociedad colombiana de ese entonces. Y que como lo señala un estudio sobre el período, no había sido el resultado de la rebelión del comandante general del departamento de Venezuela, José Antonio Páez (según la suposición de una buena parte de la historiografía nacional) sino el efecto de la inconsistencia, fragilidad y falta de unidad de la Gran Colombia. (Bushnell, 1966, p. 356). En efecto, ya desde su proclamación por el Congreso de Angostura en 1819, la flamante república se mostraba insostenible dada la magnitud de los enfrentamientos entre las fuerzas opuestas y la ausencia de un proyecto de Estado socialmente integrador. Circunstancias estas propiciatorias de utópicas y personales soluciones como la de Bolívar, por ejemplo, al proponer una nueva república integrada por la Nueva Granada, Venezuela, Ecuador y Bolivia, bajo el mando de un presidente vitalicio con poder para designar a su sucesor. Y a la cual no dudaría en agregar la de una Confederación de los Andes conformada por seis países: los cuatro ya citados, más el Perú, subdividido en dos nuevos territorios. Equívocas proyecciones personales que enrarecían el horizonte político y generaban cruciales divergencias dentro de una recién instaurada república convertida ya en escenario de permanentes enfrentamientos entre los ciudadanos. De todas maneras bajo la Gran Colombia se trataría de proyectar un contrato social a partir de dos cartas constitucionales: la de 1821 y la de 1830. Pero sin mayores efectos dado el mínimo sustento popular alcanzado y el ensimismamiento de los caudillos militares en unos límites geográficos que ya anunciaban las separaciones de Venezuela y Ecuador. De ahí que ya en 1830 se levantara una nueva Constitución sustitutiva de la de 1821, cartas las dos que sin mayores efectos normativos desaparecerían con la Gran Colombia para darle paso a un nuevo congreso constituyente encargado de crear, en 1831, el nuevo Estado de la Nueva Granada.

La Nueva Granada aprobaría en 1832 su propia Constitución bajo el designio de tomar distancia frente a dos de los asuntos más conflictivos dejados por la Gran Colombia: a) un ejército libertador que, según el historiador José Manuel Restrepo, ministro del Interior del Gobierno bolivariano, había degenerado en una "preponderancia militar" causante de un "cáncer que nos devoraba desde años atrás" (Restrepo, 1970, p. 464). ;b) una continua discordia entre los dos más altos mandos del Gobierno que llegaría al punto de permitirle a Santander calificar a Bolívar como el "supremo perturbador de la República". (Bushnell, 1996, p. 101). Nueva república en la que se elegiría como presidente a Santander y cuya carta constitucional eliminaría el *fuero militar*, reduciría el tamaño del ejército y alcanzaría un equilibrio fiscal, siempre trastornado por los voluminosos gastos militares. Y en la que la nueva carta constituyente, más liberal y republicana que la anterior, abría nuevos equilibrios dentro de las fuertes tensiones acumuladas por los líderes Bolívar y Santander, tensiones reabiertas después de la muerte de Bolívar por sus seguidores y un Santander hostil a las aspiraciones presidenciales del bolivariano José Ignacio de Márquez bajo el argumento de que la Nueva Granada no estaba madura para tener un presidente civil. Algo desmentido por el mismo Márquez ya desde la presidencia, al hacer un Gobierno empeñado en promover la reconciliación nacional e impulsar la Convención Nacional de 1831 mediante la cual se establecía qué provincias y territorios de la anterior unidad nacional debían conformar el nuevo Estado de la Nueva Granada. Un Estado cuyas reformas administrativas y políticas eran propuestas como actos de contrición frente a las fallas que habían terminado por echar abajo esa Gran Colombia que, como república fundacional, no había logrado sacar adelante su contrato social. Una Nueva Granada muy pronto sometida a pruebas de suficiencia estructural y de gestión política y administrativa de las que saldría mal librada, tal como lo mostrarían los intentos de separación de Pasto y de algunas regiones de Popayán a favor del Ecuador, en un momento, y del Casanare a favor de Venezuela, en otro. Como sería señalado por Mariano Ospina Rodríguez, futuro presidente de la República en la década de 1850, habían hecho una Constitución "adaptable para las épocas de perfecta paz, pero no para las de crisis nacional y situación de guerras, por el estilo débil del poder ejecutivo para afrontar las situaciones difíciles." (Ocampo, 2007, p. 146).

La Nueva Granada solo había sido, en fin, un eslabón más de la cadena de frustraciones propias de nuestra búsqueda de identidad nacional. De ahí que pese al realinderamiento geográfico dispuesto para el logro de una mayor unidad nacional, las ásperas fragmentaciones regionales seguían propiciando un caudillismo bajo el cual eran sometidas las comunidades campesinas. Un caudillismo que mediante la controversia armada como forma principal de contienda política, dificultaban las tareas de construcción nacional e impedían la gobernabilidad. Tal como lo mostraría el acontecimiento más representativo y peor adjetivado de la época, la Guerra de los Supremos entre 1839 y 1842: "la más injustificada (del) siglo XIX" y limitada a "motivos puramente personalistas", (Colmenares, s.f., p. 33) dicen unos; inútil e inexplicable, carente de argumentos ideológicos y motivada apenas por las luchas entre caudillos ambiciosos, han dicho otros. (Samper, 1971, p. 82). Una guerra que debido a su carácter brutal y extravagante terminaría por ser las más expresiva muestra de inexistencia real de una nación y cuya desmesura ya era elocuente desde sus comienzos: el amotinamiento de Pasto bajo la conducción de José María Obando como "Supremo jefe del ejército restaurador y protector de la religión del Crucificado", encargado de devolverle a Pasto su dicha y "a la Nueva Granada su libertad e integridad". Amotinamiento justificado como respuesta a la supresión por parte del Congreso de cuatro conventos en los que vivían 18 monjes en total (Henao & Arrubla, 1985, pp. 165 y 170) y cuyos bienes y rentas debían distribuirse entre las misiones católicas de Mocoa y los establecimientos de educación de la provincia de Pasto. (*Ibíd.*). En todo caso el nombre mismo de *Guerra de los Supremos* (por la propensión "de los comandantes locales a titularse 'jefes supremos' de esto y aquello") (Bushnell, 1996, p. 133), permitía ver hasta qué punto la supremacía de lo militar sobre lo social y colectivo tenía aún plena vigencia en el país. Y revelar el hecho de que si bien con la Independencia había culminado la tarea de separación territorial y política del imperio español, no se había avanzado lo suficiente como para cimentar la idea misma de nación. Carencia esta que solo empezaría a hacerse tangible a partir de la segunda mitad del siglo XIX cuando se abrieron nuevas perspectivas de administración estatal y de acción política colectiva. En efecto, la extrema dinámica de fragmentación de la unidad nacional revelada por este conflicto había sacado a flote el rechazo, por parte de la mayoría de los poderes locales, a las formas de centralización pública animadas por la élite militar libertadora desde la Gran Colombia. Un rechazo hecho presente en estos mismos escenarios por los pastusos cuando se interpusieron a la gesta libertadora y derrotaron a los patriotas que desde Quito marchaban hacia Pasto. Y vengado después por las fuerzas centralistas con la llamada Navidad Negra, matanza cometida por el batallón Rifles a órdenes de Sucre que dejó un saldo de decenas de muertos en las proximidades de Pasto. (Montenegro, 2012, p. 33). Antecedentes históricos que no dejarían de animar el fuerte regionalismo del sur del país tal como se vería con el levantamiento del pueblo pastuso, en 1839, como reacción al cierre de los conventos menores. O, más allá de esto, un fraccionalismo generalizado en el país si se tiene en cuenta que un año después, en 1840, gran parte de la nación estaría dramáticamente dividida: cuatro provincias controladas por el Gobierno frente a doce bajo el total dominio de los rebeldes, otras cuatro controladas de forma parcial por estos últimos y una más, Panamá, fuera ya de la república gracias a su independencia recién proclamada. Divisiones que bajo la brutal evidencia de las armas mostraban la debilidad del proyecto centralizador orientado por las fuerzas libertadoras a partir de la independencia y dentro de esta misma perspectiva, la incapacidad de las fuerzas locales para diseñar estrategias de conjunto con el fin de consolidar las hegemonías regionales. Un fenómeno, en fin, que como fuerza adversa se proyectaba contra ese contrato social que desde la Gran Colombia estaba tratando de cimentarse entre los diversos intereses políticos, sociales y económicos salidos de la independencia nacional. Y que desde las crisis de la Gran Colombia y de la Nueva Granada mostraban la incapacidad de los actores sociales para consolidar su proyecto de nación. Una nacionalidad repetidamente frustrada bajo la omnipresencia de ese fetichismo constitucionalista que desde los albores de la independencia había caracterizado al republicanismo colombiano. Fetichismo desde el cual empezaría a adquirir forma un constitucionalismo posbélico como reemplazo del compromiso para construir un sólido contrato social. O, en otras palabras, los abstractos enunciados sobre la naturaleza social en lugar de los compromisos contractuales para asegurar los vínculos entre el Estado y la sociedad.

EL CONSTITUCIONALISMO POSBÉLICO

Es después de la Guerra de los Supremos (1839-1842) y de la Carta Constituyente de 1843 cuando empieza a tomar cuerpo un constitucionalismo posbélico como paliativo periódico a las sucesivas rupturas del contrato social causadas por las guerras civiles. Guerras estas (de los Supremos en 1839, del Medio Siglo en 1851, contra Melo en 1854, contra el régimen conservador en 1860, y contra el régimen radical entre 1876 y 1885) que junto a las Cartas Constitucionales (1843, 1853, 1858, 1863, 1886), irían conformando un mecanismo, según el cual, toda guerra generaba una constitución cuyo desconocimiento provocaba un nuevo conflicto armado. Así fue como la Carta de 1843 asumió la lección dejada por la Guerra de los Supremos en el sentido de fortalecer la autoridad ejecutiva central sin desconocer las presiones e intereses regionales. Tal como lo mostraban las reformas promulgadas entre 1848 y 1851 en aspectos como: administración de bienes y rentas territoriales, abolición de la pena de muerte por delitos políticos, libertad del cultivo del tabaco, redistribución de rentas y gastos entre la nación y las entidades territoriales, abolición de la esclavitud, expedición de leyes de la libertad de imprenta. (Osuna, 2007, p. 21). A lo cual se agregaría la regulación del Congreso al limitar sus sesiones ordinarias a dos meses al año, dejar la convocatoria de las sesiones extraordinarias en manos del presidente de la república y restringir la competencia del parlamento en las iniciativas del Ejecutivo. No obstante, la guerra de 1851 se encargaría de mostrar cómo las tareas e intenciones de la construcción nacional volvían a ser interpuestas por el conflicto armado.

Conflicto el anterior salido de la incapacidad de los recién configurados partidos liberal y conservador para emular entre sí sin caer de nuevo en las causales de la guerra anterior: celos regionales, fanatismo religioso, deslegitimación de las autoridades nacionales, presiones terratenientes. Y de su tendencia a hacer del bipartidismo fuente de agresión y de violencia de acuerdo con lo mostrado por las sociedades democráticas o liberales y las populares o conservadoras. Así que el bipartidismo surgido en ese momento sería el eje de los enfrentamientos bélicos escalonados a todo lo largo de la segunda mitad del siglo XIX: la lucha contra la dictadura de Melo (1854), las guerras contra los regímenes conservadores (1860-1861) y radical (1876), las guerras de 1885 y 1895, y finalmente la Guerra de los Mil Días. Un bipartidismo cuya memoria histórica seguía alimentándose de los dos viejos antagonismos entre bolivarianos y santanderistas. El partido conservador de estirpe bolivariana, defensor de la Constitución de 1843 salida de la Guerra de los Supremos, adalid de un centralismo considerado excesivo por el gran poder de veto legislativo que se le había otorgado al presidente. El partido liberal de estirpe santanderista, conformado por los llamados "progresistas" y herederos de las visiones políticas de quienes habían asumido el poder estatal en 1849. Un bipartidismo altamente beligerante aun cuando siempre dispuesto a unirse en coyunturas que exigieran declarar el acervo independentista como fuente de legitimidad común.

La carta constitucional de 1853, derivada de la guerra de 1851, era, pues, una antípoda de la de 1843 engendrada por la Guerra de los Supremos. Como tal, la de 1853 se destacaría por sus énfasis en el concepto de "libertad" para cuanta iniciativa ciudadana pudiera presentarse: de industria y comercio, de la propiedad, del trabajo, del culto, del pensamiento, de la correspondencia privada, de imprenta. Todas ellas acompañadas de una extensa gama de derechos entre los cuales sobresalían los de reunión, cátedra e igualdad. Derechos e iniciativas enmarcados por el enfático compromiso de que la República de la Nueva Granada establecía "para su régimen y administración general un Gobierno popular, representativo, alternativo y responsable". Y por la declaración de que la organización centro-federal del país le reservaba "a las provincias, o secciones territoriales, el poder municipal en toda su amplitud". Una carta diseñada, en fin, como pacto conciliador entre las fuertes tensiones centralistas y federalistas que habían marcado hasta entonces el destino de la república. Pero dos constituciones, la de 1843 y 1853, que pese a sus diferencias se identificaban en ese particular constitucionalismo posbélico mediante el cual la nación colombiana trataba de remediar su incapacidad para darse un real y efectivo contrato social. Un constitucionalismo que por su forzosa dependencia de los episodios bélicos y sus reparaciones económicas y sociopolíticas había terminado por alimentar, en la llamada generación del medio siglo, un abierto escepticismo frente al diseño republicano heredado de la generación de la independencia. Y, en consecuencia, a abrirse cada vez más a un liberalismo económico que, junto a un Estado representativo, parecían acreditar la nueva y determinante lógica del capital. Es dentro de este gran marco global en el que se van configurando los lineamientos de los partidos conservador y liberal como formaciones políticas cada vez más abiertas a una visión crítica sobre el diseño republicano heredado de la independencia. De tal modo que ya sobre la segunda mitad del siglo XIX se tendría una generación favorable al liberalismo económico y a un tipo de Estado representativo de la lógica del capital. Una óptica a partir de la cual se empezaría a reconocer, no sin dificultades y vacilaciones, que la etapa fundacional de la república aún seguía gravando de manera negativa el presente de la nación colombiana dadas sus fijaciones políticas en torno al dilema de un centralismo o un federalismo.

De todas maneras la Carta del 53 se vería muy pronto comprometida por la aguda crisis que en el seno del ejército enfrentaría a los más altos cargos militares (muchos de ellos participantes en las guerras de independencia), en torno al papel de las fuerzas armadas en los proceso de transformación propuestos por las reformas constitucionales. Enfrentamientos que el 17 de abril de 1854 culminarían con el golpe de Estado del general José María Melo contra el general-presidente José María Obando, y la intervención ocho meses después de cuatro generales que al mando de catorce mil hombres restablecerían al Gobierno legítimo. Una crisis ésta de notable importancia en términos de las constituciones de 1853 y 1858 y que, más allá de las demandas inmediatas de los artesanos, pondría en juego la legitimidad y permanencia de un amplio sector militar. Un sector para el que los debates sobre la reforma de la Constitución, la disminución del poder ejecutivo central, la reducción del ejército e inclusive su eliminación total a favor de unas milicias provinciales, representaban un atentado de los poderes regionales contra la idea misma de nación como herencia intocable de la gesta libertadora. Fue quizás por todo esto que el golpe de Melo terminaría provocando una profunda reacción tradicional-legitimista hasta el punto de que, tras ocho meses de enfrentamientos armados, la institucionalidad perdida fuera restablecida gracias a una amplia coalición nacional que unió a liberales, conservadores, radicales y tradicionales. Alianza ésta justificada con el argumento de que "una cosa era una guerra desatada por unas ideas y otra el uso de la fuerza militar para tomar el poder".(*Ibíd*.). Y cuyas particularidades destacaría la historiografía del modo siguiente:

> En esta guerra se mezclaron la generación que detentó el poder desde la independencia con la que dominaría la política durante el resto del siglo XIX. Todos los ex presidentes vivos participaron en la guerra contra Melo. (Pardo, 2004, pp. 269-70).

Es decir que el golpe de Melo había provocado la unión de todos los partidos y líderes políticos para restablecer las instituciones, mediante una mezcla de "la generación que detentó el poder desde la independencia con la que dominaría la política durante el resto del siglo XIX". (*Ibíd.*). Una demostración, además, de los reflejos defensivos del establecimiento frente a un contrato social originario incapaz de darle coherencia al proyecto de construcción nacional. Reflejos concretados en compensaciones locales tales como la creación entre 1845 y1853 de 36 provincias, sometidas después a un afanoso proceso de reagrupación en "Estados" para justificar el nuevo esquema federalista.

La Constitución de 1858 aparecería en el "interregno conservador" (1855-1860) como una singular carta que en lugar de modificar, confirmaría las líneas constitucionales del período anterior. Así que el Congreso terminaría por propiciar un federalismo bajo el cual se le daría curso a la creación de Panamá como estado federal "soberano" y, a partir de allí, a una oleada de nuevos estados salidos de las provincias de Antioquia, Santander, Cauca, Cundinamarca, Boyacá, Bolívar y Magdalena. De modo que el centro-federalismo de 1853 se inclinaba ahora hacia un esquema federativo gracias a un acto de prestidigitación política que le daría vida a la Constitución de 1858. En consecuencia, tal como lo señalara David Bushnell: "en cierto sentido los conservadores impulsaron el programa liberal puesto que bajo su auspicio la nación adoptó, en 1858, la primera constitución netamente federalista, bajo el nombre de Confederación Granadina". (Bushnell, 1996, p. 164). Y dentro de la cual se gestionaría "una excepción al sistema de Estado unitario descentralizado" bajo la forma de un Estado federal "soberano" dentro de la misma nación: el Estado de Panamá." (Osuna, 2007, p. 23). Un curioso tejemaneje sobre el cual se harían preguntas como las siguientes: ¿una legitimación de las hegemonías políticas que terminarían por configurar el bipartidismo colombiano como forma fundamental de manejo del Estado?; ¿un bipartidismo orientado a regular las tendencias centralistas y federalistas que competían entre sí desde 1810? En todo caso y tal como se veía desde la Independencia, las sucesivas cartas constitucionales no habían logrado regular las tensiones de un inestable contrato social cada vez más incapaz de responder a las demandas de lo que debería ser una estructura unitaria y a la vez descentralizada del Estado. Con el resultado de que eran cada vez más evidentes las desavenencias entre un Gobierno presidencialista, un Congreso dotado de extremos poderes legislativos, un sector judicial elegido por el voto directo ciudadano y una equívoca distribución de competencias entre la nación y las provincias. De ahí la búsqueda de salidas tan curiosamente recursivas como la de una particular Carta constitucional "flexible" que permitiera adiciones y reformas como las que se le podían hacer a "una simple ley". (González, 2007, p. 156). Algo que en cierta forma había representado la "Confederación Granadina", hija legítima de una constitución y dotada de una prole de ocho estados (Panamá, Antioquia, Santander, Cauca, Cundinamarca, Boyacá, Bolívar y Magdalena) ameritados de entrada por el hecho de ser populares, representativos, alternativos, responsables. Pero impedidos de acciones como las siguientes: intervenir en asuntos religiosos, celebrar tratados con potencias extranjeras, autorizar la esclavitud, obstaculizar el comercio de armas y municiones o imponer contribuciones sobre el comercio exterior. (*Ibíd.*). Una carta flexible pero dotada de una serie de facultades como la de suspender aquellos actos legislativos de los Estados miembros eventualmente contrarios a la Constitución o a las leyes federales. Y que pronto se mostraría como un artificioso mecanismo de control dado que las iniciativas por aprobar pasaban a examen del Senado de la confederación, espacio este en el que las estrechas complicidades regionales terminaban por decidir sobre lo que la Carta se había pronunciado. Tal como en efecto ocurriría en el Congreso de 1859, cuando la aprobación de dos leyes presentadas por el Gobierno se convirtieron en el antecedente de una guerra civil, bajo la acusación por varios estados de que tales iniciativas "desdibujaban la estructura federal de la Constitución". (Osuna, 2007, p. 24). Un Congreso este que sacaría a flote las contradicciones entre los alcances regulatorios de la Carta constituyente de 1858 sobre la Confederación Granadina, por un lado, y la competencia de cada uno de los Estados para fijar los límites de sus autonomías, por el otro. Contradicciones y antagonismos que al romper la alianza liberal-conservadora vigente desde el golpe contra Melo, le daría curso a la guerra de 1860-1862 ganada por los primeros y de cuyo desenlace saldría la República Liberal.

La lucha armada contra el poder central se había iniciado a mediados de 1860 con la rebelión del general Tomás Cipriano de Mosquera —expresidente protoconservador de la Nueva Granada entre 1845 y 1849— convertido en líder de un federalismo extremo bajo el cual había separado al Estado del Cauca de la Confederación Granadina. Y que, como triunfador sobre las fuerzas conservadoras a fines de 1862, convocaría la Convención de Rionegro, sede de la nueva Constitución de 1863, y accedería a la jefatura del Gobierno provisional de los Estados Unidos de Colombia. Desenlace este bastante singular si se tiene en cuenta que el Gobierno constitucional había sido vencido por unas fuerzas insurrectas que bajo las banderas del partido liberal, eran lideradas por un dirigente originalmente conservador que ya había formado una tercera agrupación política, el Partido Nacional, de ideología intermedia entre el conservatismo y el liberalismo. Avatares sociales y contradicciones personales estos, representativos del singular itinerario político de una nación que pasaba de guerras a constituciones con singular facilidad y frecuencia. Y a cuyas cartas constitucionales, por el simple e inmediato valor de la letra, se les concedía efectos que la dura realidad se encargaba muy pronto de desmentir. Algo sin duda registrado por el balance de un historiador para quien los veintidós años de vigencia de la Carta de Rionegro representaron

> más de veinte guerras civiles, levantamientos, revueltas o golpes de Estado de carácter regional, más tres guerras civiles de carácter nacional, además de la agudización del enfrentamiento iglesia-Estado sin que fuera posible en todo este tiempo reformar la Constitución para eliminar sus aspectos más problemáticos. (Gutiérrez, 2007).

En cualquier caso y pese a todo lo anterior, las expectativas puestas en la nueva Constitución llevarían a la flamante República Liberal a tratar de conducir al país bajo un régimen que ejerciera la autoridad sin menoscabo de las libertades personales y la autonomía de los Estados regionales. De ahí que uno de sus artículos dijera, por ejemplo, que todos los asuntos de Gobierno no delegados de forma expresa al ejecutivo central eran "de la exclusiva competencia" de los Estados regionales. Que la elección de presidente de la república se hiciera por el voto de los Estados y que a las fuerzas armadas nacionales se les diera rango de fuerza militar federal bajo las órdenes del Gobierno de la Unión. Un pie de fuerza militar determinado cada año por el Congreso y cuya potestad para "reprimir alteraciones del orden en los Estados estaba bastante restringida por la Constitución". (Pardo, 2004, p. 288). A lo cual se agregaría unas funciones de policía ejercidas por los Estados con sus tropas y sus milicias. Finalmente, y como si fuera poco, sería eliminada la respuesta del ejecutivo nacional a los desórdenes públicos tratados en adelante por el Estado en donde ocurrieran. Ley que, repudiada por el presidente Mosquera bajo la acusación de que el Congreso redactaba leyes para "hacer revoluciones", sería contestada por este recortándole poderes al ejecutivo. Una crisis cuyo desenlace no podía ser peor: cierre del Congreso por el presidente, réplica de los antagonistas con un golpe de Estado y el destierro al Perú de Mosquera.

Fue así como Mosquera, el federalista extremo que en 1860 había puesto bajo sus banderas no solo al liberalismo caucano en sus dos vertientes de gólgotas y draconianos sino también a una importante vertiente conservadora, fue desterrado en 1867 por su defensa del centralismo. Al regresar al país y ejercer de nuevo la gobernación del Cauca, volvería a ser protagonista en la guerra de 1876 al apoyar al Gobierno radical de Aquileo Parra contra el partido conservador en armas. Guerra esta última que, junto con la de 1885, terminarían por representar el alto nivel de insolvencia de los políticos republicanos para saldar una ya enorme deuda de gobernabilidad. Así que en sus veinte años ya cumplidos de existencia la República Radical mostraba "cuarenta revoluciones locales, veinte Gobiernos estatales derrocados a la fuerza y una revolución nacional entre 1876 y 1877". (*Ibíd.*, p. 306). Algo que le había permitido decir a Carlos Martínez Silva, historiador de la época, su célebre frase: "la nación ha estado en paz y los estados en guerra". En todo caso la guerra de 1885 definiría el fin de la carta constitucional de 1863 y el comienzo de la de 1886 como guía política del nuevo régimen de la Regeneración. Una contienda bélica en la que la caída del Radicalismo Liberal le abriría el camino al nuevo régimen político de la Regeneración Conservadora de 1885-1904 y, con este, a unos años más de ese contrato social que desde la Independencia estaba próximo a pasar al nuevo siglo. Un contrato social que a partir de la Guerra de los Supremos y de su correspondiente Carta Constitucional, empezaría a configurar, tal como ya ha sido señalado, ese constitucionalismo posbélico como vicioso proceso según el cual cada guerra deponía y entronizaba una constitución. Y que en el caso de la Regeneración sería especialmente escenificado cuando ante la derrota militar de las fuerzas radicales se declaró la muerte de la Constitución de 1863, dando por concluido ese pacto de regiones que formaría "a perpetuidad una nación libre, soberana e independiente". Un pacto que sometido tanto a las ilegales intervenciones del Gobierno central en la política de los Estados como a las de estos últimos en las soberanías de sus vecinos, había terminado por producir "un resquebrajamiento no solo de la unidad política sino también del mercado interior, porque las rivalidades llevaron a unos Estados a implantar aduanas que frenaban el comercio interestatal". (Kalmanovitz, 2010). ˙

La Constitución de 1886 pudo presentarse, en consecuencia, como el contrato social capaz de conjurar la anarquía política, las guerras civiles y una economía cada vez más debilitada por su irregular crecimiento y el fraccionamiento o desuso de sus en todo caso ricos y valiosos recursos. Tareas que solo se podían acometer bajo un nuevo proyecto de nación en el que se le diera prioridad a tres objetivos: la seguridad, el orden y la cohesión social. Objetivos que desde la nueva perspectiva socio-política tendrían los siguientes alcances: uno, la seguridad hecha extensiva y confiable gracias a un sólido ejército nacional representativo de las necesidades tanto nacionales como regionales; dos, el orden orientado a cimentar un nuevo poder central deslegitimado ya por las anteriores concesiones hechas a los intereses locales; tres, la cohesión social como apuesta hecha a favor de los principios religiosos católicos en cuanto a proporcionar los valores aglutinantes necesarios para el objetivo de la unidad nacional. Justificaciones teóricas irrebatibles para darle al Estado la autoridad y la unidad nacional necesarias, pero difícilmente acreditables en el campo de los hechos. En efecto ya desde 1892 y a partir del desencanto de la oposición liberal radical frente a las promesas del Gobierno para ampliar su presencia en el Congreso, de sus filas volvieron a emerger las corrientes impulsoras de un retorno a la lucha armada. Hecho realidad a través de una insurgencia que combinaba diversas formas de luchas tales como la acción inmediata, la promoción de desórdenes populares (lo cual se hizo visible en los motines de 1893), y la conspiración de artesanos tal como se daría en Bogotá en 1894. Y que, como lo señalara un historiador, le estaría reclamando a la Regeneración un desarrollo económico de insoportables contrastes: expansión cafetera, acumulación del capital, elevación del nivel de vida de la clase alta bogotana, por un lado, y un recrudecimiento general de la pobreza, por el otro. Un evidente contraste, además, con las promesas oficiales sobre un bienestar social logrado "en torno a la paz, la armonía social, el proteccionismo, la instrucción y la prosperidad del gremio de artesanos". (Aguilera, 1997).

Fue así como de las insurgencias urbanas se pasaría a la guerra de 1895, un deshilvanado movimiento bélico liberal de dos meses de duración iniciado en Bogotá y con efímeras manifestaciones armadas en Cundinamarca, Boyacá, Tolima y Santander. Manifestación insurgente pronto vencida pero sin duda expresiva de cómo el reformismo constitucional seguía siendo un simple paréntesis entre la contienda pasada y la por venir. Y así asumida por los pro-gobiernistas al señalar que pese al "valor intrínseco indiscutible de la constitución", eran cada vez más visibles "las violaciones legislativas que desvirtuaban sus mandatos y le deformaban su fisonomía política". Hasta el punto de generar advertencias como las de José Vicente Concha, futuro presidente de la República entre 1914 y 1918, quien en el Congreso de 1898 diría lo siguiente:

La Constitución de 1886 nunca ha regido en su plenitud: de ella se han tomado apenas todas las facultades ejecutivas, pero quitándoles los contrapesos que ella misma establece. Se ha falsificado en su letra y en su espíritu; se ha desconocido su intención, se le ha hecho servir de instrumento para reclamar contra cuantos hablan de justicia, libertad y orden, como si ella misma fuera la antítesis de estas grandes ideas. (*Ibíd.*, p. 171).

De esa manera la Constitución del 86, primera matriz confiable de un contrato social que desde la primera república no había pasado de ser un formalista enunciado, terminaría siendo una carta más de buenos principios ciudadanos. Y fue así como se hizo otra vez visible esa sobrevaloración de lo constitucional mediante la cual lo normativo pretendía suplir las realidades económicas, sociales y políticas. De ahí que la Regeneración terminara siendo ya no la superación del fetichismo constitucionalista sino un eslabón más de lo que ya se mostraba como una viciosa cadena histórica. Y todo ello pese a lo que Rafael Núñez parecía representar todavía como líder de esa especial coyuntura histórica: un liberal doctrinario cuya evolución de pensamiento lo había acercado a las ideas positivistas hasta el punto de rechazar el ideologismo abstracto dominante en las visiones conservadoras y liberales del momento. Así que pese a las buenas intenciones iniciales, la Carta del 86 acabaría siendo presa de ese ensimismamiento que había alejado a todas las constituciones anteriores de las duras y comprometedoras realidades propias de los campos, poblados y ciudades del país. Al punto de que en ese final de 1991, con más de cincuenta enmiendas y revisiones a cuestas, no dejó de representar un constitucionalismo posbélico supuestamente representativo de una paz permanente.

Pero en todo caso y volviendo a los finales del siglo XIX, la paz de ese momento sería puesta en entredicho por tres graves sucesos: el motín bogotano de 1893, la conspiración artesanal de 1894 y la guerra de 1895. El motín de 1893, una de las más importantes protestas urbanas del siglo XIX, fue una reclamación de carácter popular y coincidió con el comienzo de la crisis del régimen de la Regeneración pese a estar desprovista, por lo menos al principio, de objetivos políticos precisos. Solo en el año siguiente, con la conspiración de los artesanos como movimiento político-popular, se haría visible el intento de desplazar a las autoridades centrales con el fin de implantar un Gobierno provisional por encima de "los intereses partidistas y del tutelaje de los prohombres pertenecientes a ambos partidos". (*Ibíd.*). Conspiración esta a partir de la cual los liberales radicales tratarían de darle vida, sin mayores alcances, a la corta guerra sucedida entre enero y marzo de 1895. Una guerra fallida que ni siquiera pudo motivar al pueblo bogotano a sumarse a esa insurgencia liberal finalmente incapaz de reestructurarse después de la derrota del Radicalismo en 1885. Así que la coyuntura social y política de esta última década del siglo XIX no podía ser más dramática. La Carta del 86 y su encargo histórico de dejar atrás el vicioso círculo del constitucionalismo posbélico mediante una reformulación duradera del contrato social heredado de la Independencia, había fracasado. La breve guerra de 1895 parecía anunciar, como en efecto lo hizo frente a la Guerra de los Mil Días, un difícil futuro de convivencia. Y el fraccionalismo político surgido en 1896 dentro de la Regeneración, no dejaba de hacer sentir la llegada de futuras borrascas. En efecto, la unitaria doctrina conservadora se dividía en dos grupos, "Nacionalistas" e "Históricos", estos últimos cada vez más críticos de la Regeneración y empeñados en una reforma a la Constitución de 1886. Con el agravante de acercarse cada vez más al oponente partido liberal, apoyar sus pretensiones subversivas e invocar intereses mutuos en torno a objetivos tales como la reforma electoral, el reconocimiento de las minorías políticas y del partido liberal, el control sobre el manejo de los recursos y los bienes del Estado. (Jaramillo, 2007). Una crítica coyuntura a la cual se agregaba la escisión del liberalismo entre pacifistas y belicistas, según la confianza de los primeros en ampliar por consenso la democracia y la convicción de los segundos en que esta solo se podía defender a través de las armas.

Fue así como en octubre de 1899 se le empezaría a dar comienzo a las operaciones militares del liberalismo que le abrirían la puerta a la cruenta y larga Guerra de los Mil Días. Una guerra que a partir de los antagonismos frente a la Constitución vigente, mostraría la vigencia del fetichismo constitucional y del constitucionalismo posbélico como las lógicas perversas de un contrato social que aún no lograba cumplir con sus objetivos fundacionales.

LOS COMIENZOS DEL
REALISMO CONSTITUCIONAL

De la Guerra de los Mil Días entre los partidos liberal y conservador como perdedor y ganador respectivamente, saldría a la postre el bipartidismo como el único triunfador de la contienda. Algo que cambiaría el espectro de la política colombiana ya que a partir de ese momento las recurrentes abstracciones sobre la sociedad y el Estado empezarían a ser modificadas. En efecto, el triunfo del general Rafael Reyes en la primera elección de posguerra y su quinquenio presidencial (agosto de 1904 - junio de 1909), marcaron el comienzo de un nuevo y pragmático entendimiento bipartidista. Así, la convocatoria de una Asamblea Nacional en lugar del tradicional Congreso predispuesto al montaje de artificiales mayorías, permitiría el logro de una representación garantizada de las minorías liberales y, con ello, el establecimiento de una real dinámica bipartidista. Pero una dinámica centrada en lo que el lema gubernamental del presidente Reyes, "Menos política y más administración", anunciaba como una gestión en realidad diferente a las anteriores. En efecto, esta era una consigna que apuntaba a ese síndrome nacional según el cual las contiendas bélicas se habían convertido en la única forma de hacer política. De ahí que al poner "en un plano distinto la pugna política" se invertía la fórmula de que la libertad traía el progreso, propia de los radicales, por la de que el progreso debía

41

traer la libertad señalada por Luis Ospina Vásquez. (Ospina, 1979). Tal como lo expresara Jesús Antonio Bejarano en los términos siguientes:

> Se trataba de un proyecto político en el que se esperaba que el desarrollo económico fuera lo suficientemente sólido como para que modificara las instituciones políticas que más de medio siglo de guerras civiles no habían sido capaces de modificar. (Bejarano, 1987, p. 176).

Así que el quinquenio buscaba desplazar ese constitucionalismo posbélico asentado en el Congreso como trinchera opuesta al ejecutivo central, y sobre el cual se pronunciaría Reyes de la manera siguiente: "No es en la Constitución sino en la suprema ley de la necesidad" donde deben buscarse los fundamentos de la acción gubernamental. De ahí que convocara una Asamblea Nacional con el fin de enmendar la Constitución de 1886 y que, desde 1905 y hasta 1910, propiciara una serie de reformas orientadas a insertar al país en el ámbito del capitalismo industrial. Un proyecto este que, según el historiador Darío Mesa, "mostraba el sentido histórico de un régimen orientado a darle a Colombia un orden social, económico y político moderno." (Mesa, 1980).

Algo que por lo demás respondía al carácter propio y a los efectos particulares de una guerra que como la de los Mil Días, se distinguía de las contiendas civiles anteriores. Y cuya posguerra parecía darle también un sentido diferente a los irresueltos acuerdos posbélicos que como reformas y contrarreformas se habían sucedido a todo lo largo del siglo XIX.

En todo caso las elecciones presidenciales de 1904 ya habían mostrado una posguerra que más allá de los acuerdos de convivencia inter-partidaria, postulaba proyectos estratégicos de reconstrucción nacional. Una perspectiva esta sin duda interesada en remontar lo que dejaba el siglo inmediatamente anterior: nueve guerras civiles generales, catorce regionales y tres golpes de cuartel; diez constituciones generales, cinco provinciales y, como concluyente legado, un constitucionalismo posbélico bajo el cual toda guerra buscaba acreditar su propio contrato social. Incluida la del general Reyes cuya reforma constitucional de 1910 propondría una ingeniería reconstructiva bajo la cual excombatientes y ciudadanos en general eran llamados a hacer parte de ella. Ingeniería que en el sentido de prefigurar condiciones e instrumentos para la construcción de una paz permanente se convertiría en lo que actualmente definimos como posconflicto. Una paz, en fin, distinta para una guerra también diferente dado que esos mil días habían alentado el surgimiento de nuevos "sectores populares" con un particular reconocimiento local o regional por su participación en la contienda. Una especie de *ciudadanización* otorgada a "gentes sin prestancia social y económica (que) gracias al ejercicio del valor mostrado en las guerras pudieron alcanzar la jerarquía de oficiales y se incorporaron a las aristocracias pueblerinas, gozando de todos sus privilegios, entre ellos el acceso a las burocracias locales y a un renovado poder de decisión sobre los elegidos y los electores." (Sánchez & Aguilera, 2001).

Reconocimientos de especial importancia dado que contribuían a modificar la rigidez estructural de los órdenes partidarios liberal y conservador vigentes hasta el momento. O sea que la guerra como tal, e independientemente de sus antagónicos alinderamientos, había abierto ciertas posibilidades de reubicación a individuos antes sometidos a un rígido entramado social. Y, en consecuencia, les había proporcionado nuevos imaginarios a partir de un conflicto bélico que no solo les había quitado sino que también les había dado nuevas oportunidades sociales. Es así como empezaría a tomar cuerpo una paz que gracias a las reformas bipartidistas y a la capacidad de involucrar a ganadores y perdedores, se iría convirtiendo en un singular proceso de reacomodamiento político y social. O, en otras palabras, un posconflicto construido sobre sucesivas y creíbles transformaciones legislativas y gubernamentales. Algo sin duda novedoso dada la repetitiva característica, a todo lo largo del siglo recién terminado, de armisticios que solo operaban como simples intervalos entre una y otra contienda armada. En consecuencia, frente a la final frustración del proyecto regenerador de Núñez, el quinquenio de Reyes sería el primer modelo de realismo constitucional que empezaría a abrirse paso a lo largo del siglo xx. Un modelo sin duda diferente en cuanto a forma y oportunidades al abstracto constitucionalismo vigente desde comienzos de la república. Un formalismo constitucional desde el cual los partidos políticos habían terminado convertidos en mecánicos adherentes u opositores de los cánones de ley. Y al cual se opondrían dos nuevas visiones: a) independizar la gestión del Estado de las abstractas determinaciones constitucionales impuestas desde la primera república; b) reconstituir un contrato social capaz de representar y hacer efectivos los compromisos de orden y desarrollo socioeconómico.

Fue así como los proyectos de Estado de Núñez y de Reyes representarían las dos grandes visiones de Gobierno que desde la Independencia habían tratado de configurar un proyecto realista de nación. El de Núñez, basado en unos objetivos de seguridad, orden y cohesión social, como presupuestos para darle al Estado la autoridad y la unidad nacional de las que siempre había carecido. El de Reyes orientado a hacer menos política y más administración, como forma de desalentar la vía de las armas para imponer determinadas reformas administrativas. Ambos orientados a superar la larga tradición de una sociedad en la que las constituciones terminaban por ser un derivado inmediato del dictamen dado por las armas. Y ambos sobre-determinados aunque de manera distinta por la Guerra de los Mil Días. En el caso de Núñez como contienda que, pese a estallar después de su muerte, se había forjado en su Gobierno como resultado de ciertas características propias. En efecto, con la consolidación en el poder presidencial del sucesor Miguel Antonio

Caro, este terminaría por montar una cruzada contra los opositores liberales y conservadores hasta el punto de generar una fuerte réplica insurreccional. Levantamiento concluido en 1895 con un corto enfrentamiento bélico de dos meses saldado a favor del Gobierno, y que dejaría a los liberales divididos ante el dilema de conquistar el poder por las armas o por medios pacíficos.

El quinquenio de Reyes buscaría, desde el comienzo de su período, acreditar el posconflicto como una etapa de reconstrucción y modernización del Estado colombiano. De ahí que se le empezara a dar sentido a una especie de realismo constitucional desde el cual se le garantizaba a las minorías de partido una representación adecuada dentro de los cuerpos deliberativos de la nación. Un posconflicto que abierto a la modernización y desarrollo económico del país, debía asegurar la convivencia social hasta deslegitimar las opciones armadas como formas para dirimir las diferencias políticas. Y que pese a la crisis del régimen, a la renuncia del presidente y a su salida del país a mediados de 1909, no dejaría de contribuir de modo importante a la modernización republicana de los cinco años siguientes. Tal como sin duda lo mostraba el hecho de que un año después de la partida de Reyes, la reforma constitucional le garantizara a las minorías políticas su presencia en el Congreso, reducía el período presidencial a cuatro años, cancelaba la reelección inmediata y abolía la vicepresidencia. Reformas que tal como lo señalara David Bushnell, le habían hecho perder cada vez más importancia a esas "viejas querellas que habían dividido a los partidos durante el siglo XIX: los sagrados principios de organización constitucional y las relaciones entre Iglesia y Estado" (Bushnell, 1996, p. 224). Cambios que habían llevado a los liberales a reconocer la necesidad del fortalecimiento del Estado, a perder cada vez más interés en el federalismo y a tomar mayores distancias frente al doctrinarismo del *laissez-faire* propio del viejo radicalismo liberal. (*Ibíd.*) Una gestión administrativa que, en fin, apoyada en la conciliación de los partidos, el librecambio económico y la tolerancia religiosa (Taborda, 2007), se mantendría bajo la presidencia conservadora de Carlos E. Restrepo entre 1910 y 1914, cuatrienio sostenido por la Unión Republicana como nueva forma bipartidista encargada de modernizar la política dentro de un inesperado ambiente para el desarrollo económico del país. Y que como programa "republicano" con sus tres puntos centrales (conciliación bipartidista, librecambio económico y tolerancia religiosa) se mantendría hasta la llegada al Gobierno de José Vicente Concha (1914-1918), quien le abriría la puerta al hegemonismo conservador y a la crisis social. Todo esto bajo el crítico contexto global de la Primera Guerra Mundial con sus secuelas de insuficiencia económica e incapacidad del Gobierno y del empresariado para sortear tan difícil coyuntura. Un cuatrienio agravado, como si lo anterior fuera poco, por protestas de tipo económico y social que a partir de 1917 derivarían en abiertas formas de violencia en los departamentos de Santander, Tolima, Huila, Boyacá y Cauca. Y que en las poblaciones de Inzá, Silvia y Belalcázar, le darían expresión a los levantamientos indígenas bajo el mando de Quintín Lame entre los años de 1916 y 1917.

Ya el Gobierno siguiente de Marco Fidel Suarez, entre 1918 y 1921, estaría enmarcado por un contexto en el que los efectos de la guerra mundial habían ablandado los dogmas de empresarios y partidos políticos frente a sus respectivos gobiernos. Hasta morigerar el dogmatismo conservador para acercarlo a un realismo dentro del cual los Estados Unidos lucían como un ejemplo por seguir. Un norte pragmático desde el cual, sin abandonar las venias a lo tradicional, se le daría buen recibo a un capitalismo cada vez más convincente desde sus avances industriales en bienes tales como textiles, cigarrillos, cervezas, cemento y azúcar. Además de favorable acogida a transformaciones en dos frentes económicos básicos: a) un desarrollo industrial cuya contraparte de agitación social y demandas laborales sería disculpada; b) un sector rural aquejado por la alta concentración de la propiedad territorial y la escasa franja de territorio cultivado. (Bejarano, 1987, p. 185). Problemas sin duda acentuados por los efectos de las guerras civiles contra el campesinado, en dos sentidos: a) "concentrar el dominio de la propiedad territorial y favorecer el latifundio (por efecto de) las contribuciones forzosas que cada bando imponía a sus adversarios" (Tirado, 1976, p. 495); b) expropiar al campesino ya que "si al comienzo de la guerra todavía tenían pequeñas parcelas, al finalizar ésta su predio ya estaba anexado a una gran propiedad o sus sembrados se habían perdido". (*Ibíd.*, p. 497). Así que junto a este amargo patrimonio recibido por el campesinado desde los comienzos mismos de la república, los altos y medianos propietarios rurales se verían favorecidos por el período de reformas propio de la década de los veinte. Reformas que desde la presidencia de Pedro Nel Ospina (1922-1926), trataban de modernizar el aparato gubernamental a través de misiones que como la Kemmerer y la Pedagógica Alemana propondrían el mejoramiento del manejo de los recaudos y gastos públicos en el caso de la primera, y la enseñanza pública en el caso de la segunda. Y que en cuanto al desarrollo rural buscaban implementar acciones para la diversificación e incremento de la demanda agrícola y la valorización de la tierra. Un contexto este que haría visible la intención del Gobierno de acercarse al campo desde una perspectiva diferente a las tradicionales ya que lo que se buscaba era "reafirmar las prioridades económicas nacionales por encima de los intereses especulativos de los terratenientes. Mientras la administración tomaba medidas para obtener un control más efectivo de los baldíos, el Congreso trataba de cerrar los subterfugios que le habían permitido a los empresarios territoriales mofarse de las leyes." (LeGrand, 1988, p. 133).

¿HACIA UN NUEVO CONTRATO SOCIAL?

La década de los años veinte fue un escenario en el que los actores sociales empezaron a exponer sus intereses desde lo que ya eran nuevos libretos de clase. De ahí que en los primeros cuatro años se diera una sucesión de setenta huelgas obreras y 48 conflictos de carácter cívico-regional, todo esto seguido, entre 1925 y 1928, de conflictos en los que los campesinos reivindicaban su naturaleza de colonos, no de arrendatarios, por lo cual veían el cultivo de sus "parcelas independientemente de las haciendas donde estaban situadas. (*Ibíd.*, p. 152). Un enfrentamiento de intereses que, pese a no contar aún con sólidas formas organizativas, se orientaría cada vez más contra el contexto latifundista y la concentración de la propiedad en Colombia. Así, en 1933, cerca de 36 de las haciendas más grandes de Cundinamarca se enfrentaban a protestas campesinas por sus "condiciones de trabajo y el derecho de los arrendatarios y aparceros a sembrar café en sus parcelas". (Fajardo, 1986, p. 47). Y en 1934 la lucha por la tierra, ampliada a los departamentos de Córdoba, Antioquia y Huila, ya le permitía al Partido Comunista configurar "el primer programa de reforma agraria democrática en donde aparece una concepción elaborada del problema agrario". (*Ibíd.*, p. 49). Todo un clima de expectativas y reivindicaciones revelador de un nuevo dinamismo económico y político opuesto al arcaico régimen de hacienda y de baldíos, cuyo alcance era destacado por los mismos funcionarios del Estado. El secretario de Justicia de Cundinamarca, por ejemplo, para quien las asociaciones campesinas eran "un Gobierno agrario especial o un partido político agrario sui generis". La del secretario de Gobierno del mismo departamento, para quien la situación de Sumapaz en 1931 era "desde todo punto de vista irregular y peligrosa" toda vez que lo que había allí podía considerarse

> "una especie de Estado dentro del Estado con sus propias autoridades administrativas y judiciales. Existe, por ejemplo, entre esos trabajadores, la institución 'jueces de cortes' que decide sobre la ocupación y desocupación de terrenos por parte de los colonos. Las autoridades no pueden llegar allí sino en forma de Guardia de Cundinamarca". (LeGrand, 1988, pp. 178-9).

La del secretario de gobierno del Tolima al señalar en 1932 cómo los colonos se la pasaban celebrando reuniones y agrupándose en bandas "dedicadas solamente a la común defensa y a la resistencia colectiva (frente a quienes) pretenden hacer uso de las tierras que ellos consideran baldías". (*Ibíd.*, p. 179). Una crítica coyuntura, en fin, agravada por la depresión internacional de los años treinta al provocar el forzoso retorno al campo de los trabajadores antes seducidos por las obras públicas urbanas.

Así se activarían cada vez más las luchas agrarias ya que, de los "problemas puramente laborales o relativos a los contratos con arrendamientos" propios de la década del veinte, se pasaría, en los años treinta, a claros cuestionamientos sobre la propiedad territorial y a crecientes reivindicaciones en torno al derecho mismo sobre la tierra". (Bejarano, 1980). Hasta configurar un escenario con dos figuras cada vez más contrastantes: a) la del terrateniente como un actor especulativo de la propiedad agraria; b) la del campesino como un demandante de derechos sobre la tierra y el trabajo. Y, en la primera línea de la escena, un gobierno liberal cuyo propósito de crear una clase media rural a través del cultivo de baldíos ya había sido expresado por el ministro liberal de Industrias al afirmar que, "indudablemente es el agricultor quien merece llamarse 'primer ciudadano del país'". (LeGrand, 1988, p. 135). Ambigua afirmación en la que pretendían hacer caber tanto los terratenientes como los campesinos de las tierras baldías. Así hasta 1936, año de aprobación de la "Ley de Tierras", acto legislativo a partir del cual se ampliaron e intensificaron los antagonismos entre colonos y propietarios. Un período este en el que junto a las contradicciones entre unos y otros emergería una nueva circunstancia: la de que junto a las tradicionales distancias entre la ciudad y el campo, se empezaron a hacer sentir los acercamientos políticos entre activistas urbanos y campesinos. Un aumento de las acciones populares relacionadas con creación de ligas campesinas e invasiones de tierra que gracias al acompañamiento de la izquierda urbana, le darían un sentido cada vez más orgánico y estratégico a las demandas del campo. Tal como se hizo visible en varios departamentos del país (Bolívar, Magdalena, Cundinamarca, Tolima, Caldas, Valle), bajo un radicalismo de izquierda que incitaba a crear "grupos armados de autodefensa que se enfrentarían directamente con los terratenientes". (*Ibíd.*, p. 177). Dos de esos departamentos, Cundinamarca y Magdalena alcanzarían formas organizativas de especial significación: a) la Colonia Agrícola de Sumapaz, anticipadora de "las "repúblicas campesinas independientes" que veinte años después se darían en otras partes del país; b) el enclave campesino del municipio de Viotá cuyos arrendatarios, descontentos con sus contratos, fueron formando la base popular de lo que sería, años después, una de las principales y más duraderas resistencias del país; c) la zona bananera del Magdalena cuya Liga General de Colonos, con su especial caso de la liga bananera, llegaría a tener cerca de tres mil miembros. Amplio activismo rural el anterior que empezado con las demandas de valorización del trabajo en 1923, avivaría las contradicciones entre el empresariado y la fuerza de trabajo hasta crear las cada vez más numerosas y fuertes ligas campesinas.

En todo caso, la República Liberal (1930-1946) sería el marco dentro del cual las políticas públicas serían presentadas como estratégicos proyectos de Estado orientados a darle nueva vida a un inoperante contrato social. Contrato este supuestamente activado a partir de la "Ley de Tierras" de 1936 expresiva de nuevas orientaciones económicas, sociales y jurídicas, para el logro de un desarrollo equitativo. En efecto, ya desde comienzos de dicha república habían aparecido señales que, como la creación del Ministerio de Trabajo y el apoyo oficial a la central de trabajadores, CTC, apuntaban al reconocimiento oficial del sindicalismo como efectiva contraparte de los intereses empresariales. Hasta mostrar en el acto legislativo No. 1 de 1936, un nuevo intervencionismo estatal para orientar la economía en provecho del bien común. Una proyección estratégica por medio de la cual se le daba la supremacía al sector público "como estamento regulador y ordenador de la iniciativa privada en el aspecto económico". (López, 1992, p. 70). Y de la cual se derivaba una agenda estatal defensora de los recursos humanos representados por los trabajadores. Así pues que la ley 200 de 1936 no dejaría de ser un equitativo reconocimiento del conflicto de tierras que desde los años veinte tenía enfrentados a aparceros y grandes propietarios de haciendas. Que despertaría adversas reacciones de los terratenientes en el sentido de que propiciaba en los campos un desempleo generalizado ya que los grandes propietarios, temerosos, "despedían a sus aparceros, en la mayoría de los casos sin reconocerles el valor de las mejoras que estos desarrollaron en sus parcelas sembrando café y otros plantíos." (*Ibíd.*, p. 75).

El Gobierno, en todo caso, insistiría en sus énfasis sobre un desarrollo nacional hacia adentro, sostenido por un amplio mercado reorientado a la producción y a la demanda nacional. Con lo cual se acentuaría la atención otorgada al sector industrial según lo dicho por López Pumarejo, en el mismo año de la Ley de Tierras, al asegurar que no habría "ninguna empresa grande, ninguna industria próspera y rica en el país" ajena a la protección del Estado. Crecimiento este que por la vía de la sustitución de importaciones debía aumentar la producción nativa de bienes de consumo y materias primas básicas, fomentando con ello la economía nacional en su conjunto. Un tipo de desarrollo económico que pese a su moderado intervencionismo estatal no dejaría de generar fuertes antagonismos en los partidos liberal y conservador apegados a los nichos constitucionales de donde el Estado no debía moverse. Y que el pragmatismo lopista insistía en remover pese a "la idea de indiscutibilidad de la Constitución", como principio elevado por los partidos políticos "a la categoría de lo divino, omnisciente e intocable." (Tirado, 1981, p. 74).

El pragmatismo y la moderación intervencionista llevaron a López a dejar para después lo que él llamaría ante el Congreso "la expectativa de enmiendas posteriores". Así dejaba como cumplido en su primer mandato una muestra inicial de lo que podría ser bajo su Gobierno una reformulación del contrato social vigente. Y que la "Revolución en Marcha", pese a su terminología más agitacional y de plaza pública que de transformación social, ya había sugerido como reacondicionamiento de las tradicionales relaciones entre el Estado, la carta constitucional y la sociedad civil. Una "Revolución en Marcha" asentada sobre ese realismo constitucional emergente desde comienzos del siglo XX y sobre el cual se apoyaría el presidente López para darle forma a un peculiar pragmatismo que le permitía rechazar el "edificio" de la Constitución de 1886 sin dejar de aprovechar "las bases esenciales de esa arquitectura". (Citado por Tirado, 1981). De ahí su prudente presentación de objetivos reformistas que, constitucionalmente cobijados bajo la Carta de 1886, proclamaban la función social de la propiedad, siempre y cuando se reconociera el libre derecho a la propiedad dentro de determinados límites y obligaciones. O el moderado intervencionismo estatal en asuntos económicos y sociales siempre y cuando se hiciera bajo dos condiciones: a) racionalizar la producción, distribución y consumo de la riqueza nacional; b) vigilar el cumplimiento de los deberes sociales del Estado en la asistencia pública, la protección del trabajo y el derecho de huelga. O, aún más, la ley 200 de tierras que, sin llegar a ser una reforma agraria, buscaba incorporar a la economía apreciables extensiones de tierras baldías e improductivas hasta entonces en manos del Estado y los terratenientes. Una ley para tierras incultas que al dinamizar el mercado rural le ampliaría los horizontes sociales a un campesinado cada vez más interesado en organizarse alrededor de una progresiva colonización de tierras baldías.

Pero la "Revolución en Marcha", más allá de su inspiración y sus desenlaces momentáneos, solo había tenido frustraciones, como las ocurridas en la zona bananera de Santa Marta con las dos huelgas de trabajadores del ferrocarril y las cuatro huelgas generales de 1910. Y como se vio en los cruentos desenlaces de la protesta laboral en 1928, ya bajo un tipo de resistencia animada por idearios anarquistas y socialistas revolucionarios. Desenlaces que junto a la represiva "Ley Heroica" de 1828 contra las huelgas laborales, la libertad de prensa y la agitación política, daría lugar a una tendencia opositora "civilista" y liberal desde la cual se conformaría el futuro reformismo liberal de los años treinta. Un reformismo que ya, en 1933, con el proyecto presidencial presentado ante el Congreso por el Gobierno liberal de Olaya Herrera, había impulsado tres importantes propuestas: restitución de los baldíos usurpados a la nación a lo largo de años; redistribución de la propiedad territorial rural; estímulos a una mejor utilización de la tierra por parte de la propiedad privada. (LeGrand, 1988, p. 196). Propuestas que permitían resaltar los faltantes sociales a partir de los cuales se levantaría el proyecto reformador de López Pumarejo. Tal como era percibido por él mismo cuando afirmaba que la gran mayoría de las administraciones anteriores se habían desligado de los intereses sociales hasta el punto de conformar un estrecho e impositivo mandato oligárquico. Hasta concluir, de modo tajante, que como en Colombia no había "sido ensayada la democracia", resultaba extravagante "hablar del fracaso de la democracia (en un país) donde nunca se ha practicado realmente". (Tirado, 1981, p. 8). Valiosa consideración que cuestionaba el valor y alcance reales de un contrato social que, desde comienzos de la república, era mantenido por un constitucionalismo posbélico que a duras penas lo hacía renacer después de cada confrontación armada. Y que solo podía presentar dos antecedentes en verdad valiosos a) el de Rafael Reyes (1904-1909) con su planteamiento de que no era en las fórmulas constitucionales sino en las leyes de la necesidad, donde debería apoyarse la acción gubernamental; b) el de Olaya Herrera con su programa de concentración nacional como base de un reformismo a partir del cual se proyectarían algunos cambios sustanciales.

En todo caso y tal como lo había hecho Rafael Reyes, López Pumarejo se permitiría adelantar transformaciones públicas ya no desde la carta constituyente misma sino desde decisiones jurídicas específicas. Y que, por lo mismo, serían desvalorizadas por algunos críticos ya que no hacían parte de una reforma agraria "integral", sino de personales adecuaciones que terminaban sirviendo a "los intereses de la clase terrateniente, desbaratando las luchas agrarias y garantizando la propiedad de los latifundistas". (Machado, 1979). Visiones extremas desde las cuales la política rural de López Pumarejo solo podía ser apreciable si eliminaba a la clase terrateniente. No obstante y como contrato social orientado a lograr bases de integración a partir de intereses diferentes, los objetivos básicos del Estado serían los siguientes: a) un desarrollo del capitalismo rural capaz de integrar los desarrollos de los diferentes actores sociales;

b) una generalización del trabajo asalariado capaz de cubrir el conjunto de la economía de hacienda. Objetivos estos dos sin duda apreciables bajo la perspectiva de que desde los muy comunes latifundios de cincuenta, cien mil y hasta un millón de hectáreas se pasaría a los de mil, cinco y diez mil hectáreas, dándose así un "cambio profundo de estructura (como) reflejo del desarrollo capitalista del país". (Kalmanovitz, 1985). Un logro expresivo de políticas que, según las palabras de López, permitían asegurar "una elástica adopción de las fórmulas jurídicas a los nuevos hechos".[1] Tal como lo mostraría el solo acto legislativo de 1936 con el cual López lograría abatir la intangibilidad del Estatuto de 1886 y abrirle las puertas a lo que podría ser una reforma de gran alcance o, aun, a una nueva Constitución.[2] Así que, pese a que la noción de *Contrato Social* no hacía parte de la conceptualización política de López, este sabía muy bien hasta qué punto el contractualismo social dependía de un presupuesto básico: el tipo y alcance de intervención del Estado. De ahí que este intervencionismo entrara en su discurso como una noción clave cuyos antecedentes políticos no dejaba de reconocer:

> El liberalismo intervencionista entró en acción activa desde el propio momento en que tomó posesión de su cargo el presidente Olaya Herrera. La transmisión de mando marcó el fin del *laissez faire* en Colombia, tal como lo practicaba el partido conservador y lo aceptaba hasta entonces el partido liberal.[3]

Pero, en fin, ¿cuál era el intervencionismo del presidente López? No era, en todo caso, el imputado por la dirección del partido con-

---

1. Mensaje a las cámaras sobre las sesiones extraordinarias de 1935, 27 de noviembre de 1935. (Citado por Álvaro Tirado, 1988, p. 74).

2. Mensaje presidencial al Congreso de 1937. (*Ibíd.*, p. 77).

3. Entrevista para *El mes financiero y económico*, junio de 1937. (*Ibíd.*, p. 79).

servador para la cual se trataba de una política extremista basada en expropiaciones y nacionalizaciones. Como tampoco se trataba de un simple acto de prestidigitación orientado a justificar los intereses capitalistas bajo simples maniobras distributivas, según lo señalaba la izquierda radical. En realidad, la intervención del Estado era, para López, una coalición de intereses oficiales y particulares sobre determinadas metas económicas y sociales. Un intervencionismo asentado en reflexiones como las de que el Estado no podía "mirar los negocios privados con el mismo criterio de sus gerentes",[4] dado que estos "profesan evidente repugnancia por la asociación sindical y la vienen combatiendo (…) convencidos de que perjudica sus intereses".[5] Y ajustado al reconocimiento de los deberes del Gobierno para proteger la sindicalización mirada "con desconfianza por los patronos (…) cuando no hace sino representar un sentimiento democrático liberal.[6] Así que, en consecuencia, la Revolución en Marcha no dejaría de ser un valioso intento para animar un contrato social hasta entonces dejado a la inercia del fetichismo normativo y al recurrente arbitrio de las armas. En síntesis, y tal como sería señalado por David Bushnell:

> […] la principal contribución de López Pumarejo no consistió en haber entregado unos beneficios concretos a las masas, sino más bien en haber hecho que Colombia se enfrentara por primera vez a sus problemas sociales. Incluso aquellos que rechazaban las políticas y métodos de López ya no podrían ignorar tales problemas. (Bushnell, 1996, p. 261).

4. Mensaje presidencial al Congreso de 1936. (*Ibíd.*, p. 87).

5. *Ibíd.*

6. *Ibíd.*

Problemas sociales que desde la Independencia venían siendo revestidos de numerosos y dispares arreglos constitucionales más centrados en la forma que en el contenido. Y que, en contravía de tal tradición, la ley 200 trataba de modificar con escenarios y actores prestos a llevar a cabo un plan de reformas para modernizar las relaciones de trabajo. Un estratégico objetivo liberal-reformista desdeñado desde el fundamentalismo de izquierda por tratar de interpretar los intereses de terratenientes y trabajadores agrícolas como si pudiera "representar los derechos de unos y otros por igual". (Pecaut, 1973). En todo caso dos años después de iniciadas las reformas serían sometidas por su mismo autor a una forzosa pausa en la que estaba incluida, en 1937, la presentación de su renuncia (no aceptada) al Congreso. Un itinerario cerrado en 1938 con el mensaje presidencial de despedida en el que una sola frase parecía señalar la amplitud de su derrota: "en el terreno de las ideas, por desgracia, el liberalismo casi no ha tenido más contrincante que su propia sombra." (Tirado, 1981, p. 16). Una sombra que no solo dejaría "trunca la reforma liberal en la Constitución y en las leyes" sino también "en lo tributario como en lo social, en lo educativo como en lo internacional, en lo electoral como en lo agrario".[7] Y una sombra que pese a lo enemiga sería favorecida por el mismo López dado su temor a aumentar sus fricciones con el partido liberal, ahora encarnado en el candidato Eduardo Santos, quien se comprometería a hacerlo "caminar solo y de avanzar enérgicamente sin las muletas de la extrema izquierda, y sin nexos de temores o timideces con la reacción conservadora". (Cabana, 1985).

Así que el López de los últimos meses de Gobierno sería un torturado personaje envuelto bajo contradicciones que enfrentaban lúcidas e irresueltas propuestas reformistas, con grises y forzosas transacciones gubernamentales. Y, sobre todo, un auto flagelado líder

---

7. Mensajes del presidente López al Congreso Nacional, 1934-1938. (Bogotá: Imprenta Nacional, 1939, p. 302).

para el que su pausa de Gobierno solo había sido una "utópica intención (…) de la que no creo poder decir que haya dejado fruto bueno y sí semillas de descomposición, desaliento y desorden. (Tirado, 1981, pp. 16 y 17). O, peor aún, un casi ya expresidente para el que "en la vida de una nación no son muchos los momentos en que el pueblo se decide, y cuando lo hace, esos momentos ni se escogen ni se limitan a la voluntad de los jefes". (*Ibíd.*, p. 17). Un desaliento como cierre definitivo de una voluntad reformista cuyo fracaso lo dejaba envuelto en unas cuantas y equívocas frases de explicación. Y un melancólico final refrendado por esa reforma constitucional de 1945 que como simple catálogo administrativo, terminaría por mostrar que la transformación del Estado no iba más allá de una cartilla para facilitar su manejo burocrático.

En todo caso esa pausa dentro de la cual quedaron comprendidas las gestiones gubernamentales de Alfonso López Pumarejo y Eduardo Santos, marcaría el renunciamiento de la clase dirigente colombiana a una verdadera transformación del país. Una enorme pausa para saldar las cuentas pendientes desde los orígenes republicanos y consolidar un contrato social siempre expuesto al vaivén de las guerras civiles y de los intereses dominantes después de cada contienda. Y que, como centenaria tradición, imponía cada vez una reforma constitucional a manera de armisticio entre las sucesivas contiendas bélicas. De todas maneras atrás quedaban islotes que como el de Olaya Herrera en los años treinta, mostraban valiosas políticas de concentración nacional bipartidista. Y que, gracias a los márgenes de gobernabilidad resultantes, habían permitido formas de intervención del Estado en la economía y en los asuntos sociales sin que ello alterara las relaciones entre los socios liberal-conservadores. Así que, pese a todo, la hegemonía liberal con sus tres presidentes (Olaya Herrera, López Pumarejo, Eduardo Santos), había logrado darle una particular coherencia al período de 1930-1946 en la búsqueda de una transformación social y política del país.

LAS POLÍTICAS DE LA VIOLENCIA

Si los años transcurridos entre 1930 y 1946 se destacaron entre otras cosas por la búsqueda de una convivencia partidista, los del tramo 1946-1953 mostrarían un nivel de conflictividad tal que, como ciclo, llegarían a ser identificados por el nombre de "Era de la violencia". Una era finalizada con Rojas Pinilla y sus procesos de amnistía y rehabilitación de zonas afectadas por el conflicto, pero que en 1960 y bajo el Gobierno de Lleras Camargo reaparecería como violencia "a través del bandolerismo social y el nacimiento de nuevos grupos guerrilleros que se prolongan hasta 1982 cuando nuevamente se abre un ciclo de amnistía y rehabilitación en la administración Betancur". ("Debates sobre la paz", 1988).

Un paréntesis de distención este último que ya en 1985, a finales del cuatrienio Betancur, se cerraría para abrirle paso a un proceso de violencias, proyectos de paz y planes de rehabilitación como una nueva forma de violencia-amnistía-rehabilitación- violencia, propia de los últimos cuarenta años, tal como lo planteaba Eduardo Pizarro en la "Semana por la Paz" de septiembre de 1988.

La era de la Violencia (1946-1953)

Siete serían los acontecimientos principales de esta época: 1) la candidatura presidencial conservadora de Mariano Ospina Pérez bajo las promesas de un programa de "Unión Nacional" con énfasis en el problema agrario y la cuestión social por un lado, y el rechazo a los Gobiernos de partido y la lucha de clases por el otro; 2) el triunfo de Ospina Pérez en mayo del 46 gracias a la división del liberalismo entre Gabriel Turbay y Jorge Eliécer Gaitán; 3) la reunificación del liberalismo para hacer parte del programa de Unión Nacional propuesto por el presidente Ospina Pérez; 4) el retiro de la Unión Nacional, en noviembre de ese mismo año, cuyos sectores turbayista y gaitanista proclaman el comienzo de la oposición; 5) la victoria de Gaitán en las elecciones de marzo de 1947 para el Congreso con lo cual, como jefe del liberalismo, avala el retorno de su partido a una nueva Unión Nacional; 6) la firma en agosto de 1947 de un "Acuerdo Patriótico" entre Roberto Urdaneta, ministro de Gobierno de Laureano Gómez, líder conservador, y Jorge Eliécer Gaitán, líder liberal, acuerdo este que ya a comienzos de 1948 sería letra muerta por la denuncia de este último sobre la persecución y asesinatos de gente de su partido en los departamentos de Boyacá, Cundinamarca y Santanderes; 7) la ruptura de la Unión Nacional, en marzo de 1948, recibida con el público beneplácito de un amplio sector conservador tal como fue expresado con claridad por el periódico de Gilberto Alzate Avendaño, *Eco Nacional,* al hacer la fría y contundente afirmación de: "Por fin solos". (Torres del Río, 2007).

Siete acontecimientos en siete años de una histórica era iniciada de manera paradójica con la presidencia del conservador Ospina Pérez, públicamente comprometido en cimentar la paz bajo un programa que, como el de la "Unión Nacional", descartaba las hegemonías de partido. Todo un compromiso bipartidista que comprometía a conservadores y liberales a alcanzar objetivos tales como: a) la restauración jurídica, constitucional e institucional de la república; b) el entendimiento definitivo entre los dos partidos tradicionales; c) la conquista de la paz y la estabilidad institucional; d) la formación de Gobiernos sucesivos de coalición bajo la regla de la alternación. Objetivos y buenas intenciones contra los cuales conspiraban hechos como el expresado por el mismo Ospina Pérez al embajador norteamericano en Bogotá: "Colombia tenía ahora tres grandes partidos: liberales, conservadores y gaitanistas". (Varela, 1998). Con el agravante de que estos últimos respondían a un intransigente líder empecinado en asegurarse el control del liberalismo, organizar su convención nacional, aprobar la plataforma del partido y romper la colaboración de los liberales con el Gobierno conservador. Un complejo marco para la violencia interpartidaria que no dejaría de avanzar desde mediados de 1947 hasta llegar al asesinato de Gaitán en Bogotá, el 9 de abril de 1948, magnicidio que al día siguiente llevaría al partido liberal a volver a participar en el Gobierno sobre la base de una nueva coalición. Pausa no obstante de corta duración ya que, un año después, el candidato conservador, Laureano Gómez, ganaría sin oposición la presidencia por el retiro de los liberales bajo el argumento de que "en el clima violento reinante en el país, no había seguridad para sus vidas al presentarse a las mesas de votación. (Bushnell, 1996, p. 77).

En todo caso, los acuerdos siempre habían sido más de momento que de largo alcance tal como lo había mostrado la tambaleante Unión Nacional a través de su accidentada vigencia. "Una unión puesta a prueba desde enero de 1948, cuando los dirigentes liberales encabezados por Gaitán se pronunciaron contra los despidos en masa de empleados liberales en departamentos tales como Norte de Santander, Boyacá y Nariño." (*Ibíd.*) Declarada rota poco después por la Convención Liberal y revivida el 10 de abril, día siguiente al Bogotazo, con el inesperado reingreso del partido liberal al gabinete de Ospina Pérez. Una presidencia ésta no solo sometida a las inestables y contradictorias relaciones entre los dos partidos sino a las ambigüedades del liberalismo, las maquinaciones del conservador Laureano Gómez, las impracticables fórmulas de paz ospinistas. Además de que, bajo la acusación de que el liberalismo había sido infiltrado por el comunismo, se rompieran "todas las relaciones públicas y privadas entre los dos partidos", el liberalismo anunciara el "retiro de sus copartidarios de todos los órganos electorales" y se desconocieran "los resultados de las elecciones". (*Ibíd.*, p. 122). Y llegar finalmente al Estado de Sitio impuesto por el Gobierno el 9 de noviembre de 1949 con lo cual se le daría un nuevo impulso al antagonismo bipartidario: desde el partido liberal al desconocer y abstenerse de participar en las elecciones del 27 de ese mismo mes; desde el partido conservador cuyo presidente recién elegido armaría un Gobierno sin Congreso, sin oposición democrática y bajo Estado de Sitio. Así que Laureano Gómez asumiría la presidencia bajo una violencia interpartidista en la que algunos sectores del liberalismo habían trasladado su resistencia al campo como abierta forma insurreccional contra el Estado. Todo esto sin que los liberales dejaran de mantener en las ciudades los entre-juegos políticos que, desde las cúpulas de los dos partidos, mantenían abiertas las posibilidades de paz. Y desde los cuales se lograría, en junio de 1951, el establecimiento de una Asamblea Constituyente encargada de restablecer la concordia nacional dentro de un nuevo y adecuado marco institucional. Una curiosa asamblea bipartidista muy pronto limitada a la sola presencia conservadora, dada la autoexclusión de los liberales al denunciar el carácter enteramente progobiernista de sus proyectos. Planes y contra-planes todos estos dentro de una creciente violencia que ya, a mediados de 1951, obligaría al Gobierno a centrar en los Llanos Orientales sus operaciones militares. Y que para el año de 1952 llamaría la atención de la embajada de los Estados Unidos hasta el punto de contactar al nuncio apostólico, monseñor Antonio Samoré, para propiciar iniciativas de paz, con propuestas tales como una amnistía general y el establecimiento de comités bipartidistas en cada departamento para determinar los casos de delincuencia común que serían enviados a la justicia ordinaria; de esa manera se asegurarían la vida y la libertad de los guerrilleros y de sus familias después de su rendición. (*Ibíd.*, p. 168).

Pese a todo lo anterior el clima de violencia estaba cada vez más exacerbado tal como lo mostrarían los incendios de las residencias de los líderes liberales Alfonso López Pumarejo y Carlos Lleras Restrepo, y de las sedes de los periódicos liberales *El Tiempo* y *El Espectador*. Ataques vistos en el momento como una forma de imposibilitar los eventuales acuerdos inter-partidarios que se pudieran presentar entre estos líderes liberales y los dirigentes conservadores Ospina Pérez y Alzate Avendaño. Y que finalmente llevarían, como salida arbitral, al golpe de Estado impuesto el 13 de junio de 1953 por el teniente general Gustavo Rojas Pinilla contra Laureano Gómez. Acción que respaldada por Ospina Pérez y el partido liberal marcaría el final de la era de la Violencia y cuyo amplio respaldo ciudadano mostraría el profundo desgaste de los Gobiernos iniciados en 1946.

El régimen militar de Rojas Pinilla

El nuevo régimen militar alcanzó a ser visto como "uno de los cambios de Gobierno más pacíficos y festejados de la historia colombiana", avalado por la Iglesia, los gremios empresariales y la mayoría de los grupos políticos excepto el partido comunista y el ya reducido laureanismo. (Palacios, 1995, p. 211). Una nueva era en la que la violencia solo parecía ser justificable en lo que el general presidente, cuatro días después de su toma del poder, proclamaría como objetivo de la represión estatal: "Colombia es un país anticomunista y nuestra misión es defender la patria". (Donadío, 2007,

p. 180). Enunciado este obviamente apreciado por el embajador de los Estados Unidos en Colombia, un año después, en sus comentarios al Departamento de Estado:

> Una fuerte orientación anticomunista fue expuesta por el canciller Evaristo Sourdís el 31 de mayo y por el ministro de Guerra el 3 de junio. El programa de los Estados Unidos de perseguir subversivos y de aprobar una legislación anticomunista indudablemente ha tenido influencia en las ideas del Gobierno colombiano.

Una orientación anticomunista pronto convertida en eje central de la seguridad del Estado, ya que la vieja beligerancia liberal-conservadora había disminuido notablemente gracias a la amnistía ofrecida por el Gobierno en 1953. Sin desaparecer del todo puesto que varios desmovilizados de los Llanos Orientales, Santander y Tolima habían retomado las armas ante el incumplimiento de las promesas oficiales de paz. Hasta el punto de que en este último departamento fueran frecuentes las quejas en el sentido de que "a los liberales que habían sido ahuyentados de sus tierras por la violencia oficial no se les permitía recuperar sus propiedades." (Donadío, 2007, p. 177). De todas maneras la rendición de las guerrillas liberales del Llano era un hecho visible no solo en la entrega de 3.540 combatientes, sino en la utilización política que el Gobierno le daba a su nuevo enemigo. Ya no liberal o conservador sino antinacional, materializado en los incipientes grupos armados comunistas replegados en las zonas del Alto Sumapaz, Cunday, Villarrica e Icononzo. Un enemigo señalado por la Asamblea Nacional Constituyente, ANAC, como portador del comunismo en Colombia e implicado en una larga serie de supuestas actividades antipatriotas. Así, desde finales de ese mismo año, las operaciones militares gubernamentales destinadas a la lucha contra la subversión comunista tocaban cada vez más municipios del país: Villarrica, Icononzo, Carmen de Apicalá,

Pandi, Cabrera, Cunday y la región del Sumapaz. Localidades sobre las cuales el ejército desplegaría "nueve batallones, casi nueve mil hombres y abundante apoyo de bombardeos aéreos" (Pardo, 2004, p. 410), mientras los enfrentamientos liberal-conservadores registraban nuevos indicadores: de 22 000 muertes violentas entre 1952-53 a 1900 en 1954-55. (Palacios, 1995, p. 212).

Fue así como el mandato de Rojas Pinilla empezó a modificar el esquema del conflicto colombiano al centrarlo ya no en la tradicional oposición liberal-conservadora, sino en un antagonismo entre patriotas y apátridas portadores estos últimos de las ideologías "extrañas" del comunismo internacional. Hasta el punto de que la persistencia de la violencia bipartidista en algunos sectores del país fuera mimetizada bajo la gran amenaza surgida de los nichos de resistencia influenciados por la doctrina comunista. Un paso al frente de la política contra la violencia anti-nacional del comunismo, dado entre 1953 y 1957 por los ejércitos del general presidente. Y a partir de la cual el Frente Nacional configuraría su doctrina de seguridad interior montada sobre la existencia de un enemigo que, pese a su origen nacional, era un portador de intereses externos. Un "enemigo interior" como representante de las visiones e intereses sociales y políticos del comunismo internacional. El Gobierno de Rojas Pinilla terminaría representando una etapa de transición entre la violencia interpartidista liberal- conservadora y la violencia antisubversiva propia del Frente Nacional.

El Frente Nacional

Con sus cuatro administraciones presidenciales entre 1958 y 1974 (Alberto Lleras Camargo, Guillermo León Valencia, Carlos Lleras Restrepo y Misael Pastrana Borrero) el Frente Nacional ha sido considerado una forma consociativa por sus coaliciones inter-partidarias. Algo confirmado por el politólogo Jonathan Hartlyn, quien además se preguntaría el porqué de "un acuerdo constitucional tan formal y rígido", si en la "mayoría de los casos consociacionalistas los mecanismos no están consagrados en la Constitución sino en pactos y acuerdos entre los partidos". (Hartlyn, 1993, p. 97). Observación esta que podría remitirnos al hecho de que su formalismo y rigidez haya sido más el producto de los temores y desconfianzas de las élites entre sí, que a su prevención frente a una eventual movilización de las masas. Algo sin duda explicable dada esa larga historia de pactos incumplidos, acuerdos honrados a medias y constitucionalismos hechos y deshechos bajo la omnipresencia de la guerra.

De ahí que el Frente Nacional, como acuerdo de paz en sí mismo, no lograra sustraerse a toda esa tradición de consecutivas suspensiones y renovaciones de contiendas armadas propias de nuestro historial republicano. Hasta el punto de que los llamativos ceremoniales que formalizaban los compromisos bipartidistas para restaurar la paz, reconstruir la arquitectura institucional y crear las leyes no dejaran de evidenciar el temor a ser incumplidos. Acuerdos sobre la paridad, la alternancia gubernamental, el estado de sitio y la modernización del Estado, junto a los cuales se tomarían dos medidas de especial importancia: a) la expedición de una ley de amnistía que suspendía las acciones penales, siempre y cuando el acusado se reinsertara a la vida civil y se sometiera a la Constitución y las leyes; b) el establecimiento de políticas de pacificación rural junto a las cuales se promulgarían leyes para resolver los conflictos derivados del desorden en la titulación, las colonizaciones y las parcelaciones. Políticas estas que si bien desde el Gobierno de Guillermo León Valencia mostraban importantes reducciones de la violencia interpartidista, estaban acompañadas por un bandolerismo cuyas cuadrillas criminales se dedicaron a saquear pueblos y extorsionar hacendados. Un amplio y depredador bandidismo que en 1964 presentaba ya más de

Cien bandas activas, constituidas por grupos de campesinos armados, que más o menos organizadamente y desconociendo los acuerdos de paz entre las directivas de los dos partidos tradicionales, prolongaron la lucha bipartidista. (Sánchez y Meertens, 1983).

Bandoleros que ahora independientes pero salidos de las jefaturas partidistas locales, impusieron el terror en varias zonas rurales del país hasta que el bipartidismo tradicional se diera a la tarea de eliminarlos. Con lo cual el establecimiento ya podía afirmar que "la *Violencia* como conflicto entre liberales y conservadores, con el vórtice del bandidaje por añadidura, había terminado". (Bushnell, 1996, p. 309). Un "vórtice" que pese al sentido gramatical de "centro", no había logrado desacreditar las jefaturas oficiales de los dos partidos gracias a "la desconexión explícita que de él hizo el bipartidismo frentenacionalista" (Leal, 2011) al terminar el exterminio de sus cabecillas en 1965. Así que el fin del bandolerismo no estaba desconectado de ese patrimonio de violencia inter-partidaria convertida por el Frente Nacional en lucha contra un "enemigo interior", gracias a los reflejos extremo-nacionalistas del general Rojas Pinilla. Y que a finales de la administración de Lleras Camargo y desde el seno mismo del Congreso de la República, se concretaría en el propósito de acabar con las "repúblicas independientes" (Marquetalia, Guayabero, Villarrica, Ariari, El Pato) en vista de su díscola extraterritorialidad donde la institucionalidad del sistema no solo era marginal sino inexistente. Toda una geografía insurreccional sostenida por autodefensas campesinas y alentadas políticamente por el partido comunista, sobre las cuales el siguiente Gobierno de Guillermo León Valencia desataría una cruenta campaña militar. Campaña esta que pese a su afinidad con la del Gobierno militar de Rojas Pinilla para adelantar su campaña nacionalista, tendría acentos diferentes. En efecto, la cruzada del general se centraba en el protagonismo internacional del comunismo como un enemigo externo, de ahí su especial tono nacionalista. En el caso del Frente Nacional tenía el sentido de una cruzada contra un "enemigo interior" representado por campesinos que bajo el pretexto de luchas antiterratenientes, buscaban el asentamiento del comunismo internacional en el país. De ahí que según tal presentación pública las Autodefensas Campesinas fueran mostradas como unas "Repúblicas Independientes" contra las cuales se justificaba el descomunal operativo militar aéreo y terrestre de la Operación Marquetalia, ejecutada a mediados de 1964. Así se dejaban de lado antecedentes históricos como la prolongada descomposición campesina a través de la violenta expropiación terrateniente, por una parte, y la recomposición de ese mismo campesinado mediante una violencia defensiva, por la otra. Un proceso marcado por dos momentos particulares: a) la diáspora campesina a lo largo de caminos que conducían a los centros urbanos, las haciendas empleadoras de fuerza de trabajo y las zonas de colonización; b) el asentamiento sobre tierras ubicadas más allá de la frontera agrícola y defendidas mediante una organización armada. Y bajo los cuales se había generado una campaña colonizadora cuyos dos instrumentos, el hacha y el fusil, serían la simbiosis de una empresa orientada a crear las bases de una propiedad campesina que siempre se les había negado. Un tipo de colonización armada, en fin, mediante la cual el campesinado resistiría los embates del capital para descomponerlo gracias a la recreación, en otros lugares, de su amenazada entidad campesina. (Ramírez, 1981).

Así que la Operación Marquetalia representaba una particular violencia del Frente Nacional según las características siguientes: a) el Estado como representante de un bipartidismo empeñado en recrear un ordenamiento capitalista ajustado a sus estrechos objetivos de reforma; b) el campesinado anti-latifundista reorientado hacia visiones cada vez más radicales expuestas en su Programa Agrario de mediados de 1964 y en la Primera Conferencia Guerrillera de finales de 1965; c) la clase media urbana tocada por agendas revolucionarias internacionales de las cuales surgirían el Movimiento Obrero Estudiantil Campesino, MOEC, en 1960, el Ejército de Liberación Nacional, ELN, en 1964, el Ejército Popular de Liberación, EPL, en 1967. Y, en consecuencia, un Frente Nacional que, libre de extremos antagonismos internos, debía dedicarse a construir un autosostenible proyecto capitalista moderno. Proyecto que dividido en cuatro mandatos presidenciales desde 1958 hasta 1974, sería complementado con otros dos hasta 1986 punto final de la coalición.

El primero de ellos (1958-1962), presidido por Alberto Lleras Camargo bajo el nombre de "Reconstrucción Nacional", buscó como tareas centrales dos objetivos: el afianzamiento de los acuerdos entre liberales y conservadores, y la erradicación de la violencia rural bipartidista activa aún en cinco departamentos del país. Tareas estas complementadas con un proyecto de reforma agraria cuya ley reglamentaria apenas lograda en 1961 mostraría, ya en 1970, su escasa o más bien nula capacidad distributiva: un total de tierras adquiridas que solo representaban un 1,9% de la superficie agrícola nacional y que apenas habían beneficiado a cuarenta familias. (Corredor, 1992). Proyecto que pese a lo insustancial no había dejado de provocar las iras terratenientes contra los pequeños y medianos propietarios que se habían acercado a él, hasta el punto de provocar amenazas y en algunos casos reacciones armadas contra los campesinos demandantes, que el Gobierno trataría de neutralizar bajo un curioso e inefectivo decreto de "extrañamiento" de sus tierras a los latifundistas encontrados culpables de tales hechos. Pero violencia de verdad surgida con la creación por los grandes propietarios de las "tropas privadas rurales", fuerzas encargadas de hostilizar las autodefensas campesinas surgidas desde 1958 en la zona de Marquetalia. Con el resultado de que los últimos dos años de este Gobierno serían de denuncias en el Congreso sobre las "Repúblicas

Independientes" como el "enemigo interior" del Frente Nacional, alentando con ello las expectativas de las Fuerzas Armadas sobre un tratamiento enteramente militar de las zonas campesinas. Y llevando al Partido Comunista a crear su famosa consigna de "combinación de todas las formas de lucha" para enfrentarse al establecimiento frenteñacionalista.

El segundo Gobierno sería el de Guillermo León Valencia (1962-1966), marcado por unos altos déficits de gobernabilidad dadas las amenazas, no cumplidas, de un paro obrero nacional y una conspiración cívico-militar. No obstante y bajo este enrarecido clima sociopolítico, el "enemigo interior" alcanzaría en este mandato una especial corporeidad en dos frentes distintos: a) el de las "Repúblicas Independientes" ubicadas en las regiones campesinas de El Pato, Sumapaz, Marquetalia, Riochiquito y el Ariari; b) el de la insurrección guerrillera de origen urbano surgida en enero de 1965 bajo el apelativo de Ejército de Liberación Nacional, ELN.

En el caso de las "Repúblicas Independientes" del sur del país, estas le darían a la administración de Valencia un sello especial. En efecto, si a Lleras Camargo le habían tocado los debates sobre la existencia misma de tales repúblicas, Guillermo León Valencia se encargaría de aplicarles el condigno castigo bajo la forma de la "Operación Marquetalia" de 1964. Una acción especial a cargo de cinco mil soldados bajo el mando de un general, José Joaquín Matallana, diseñada según "los lineamientos generales del plan LASO (Latin American Security Operation) y supuestamente desde Pentágono según las mismas Farc. (Ferro y Uribe, 2002, p. 26). Operación que se daba dentro de un particular contexto internacional: la expulsión de Cuba de la OEA, la proclamación de la República Socialista de Cuba y su acercamiento a la Unión Soviética. Contexto este dentro del cual la política interna de la violencia propia del Frente Nacional quedaría al servicio de una política externa en la que parte del campesinado colombiano era considerado un "enemigo interior" al servicio de objetivos políticos internacionales. En todo caso lo cierto es que pese a sus dimensiones militares y a sus pretensiones políticas, la Operación Marquetalia no lograría los efectos desmovilizadores previstos. Por el contrario y en lugar de la "pacificación" rural promovió la imaginación defensiva campesina tal como lo mostrarían formas de resistencia que como la Colonización Armada y las Autodefensas, serían las bases de las futuras Fuerzas Armadas Revolucionarias de Colombia, Farc-Ep. Pero no eran solo las Farc ya que en este cuatrienio sería creado el Ejército de Liberación Nacional, ELN, surgido como núcleo guerrillero rural con la toma de la población de Simacota en enero de 1965. Y cuya preparación político-militar había estado a cargo del Gobierno cubano al acogerlos en la isla y darles ayuda financiera para el viaje de regreso. No obstante, y tan solo un año después, al mediocre desempeño político-militar del grupo se sumaría la prematura muerte de Camilo Torres Restrepo ocurrida poco después de vincularse a la guerrilla.

Finalmente y como una de las acciones contrainsurgentes de mayor relevancia posterior, este sería el primer Gobierno en emitir en 1965 un decreto de estado de sitio bajo el cual se garantizaba la formación de autodefensas como respuesta a las amenazas de la guerrilla. Con beneplácito comentaba la *Revista de las Fuerzas Armadas* al señalarlas como un factor preponderante en la lucha contra la acción de los insurgentes y un "medio eficaz de reacción contra los ataques a regiones del campo no protegidas por la presencia de la Fuerza Pública." (Jiménez, 1965).

El tercer Gobierno (1966-1970), bajo el lema de "Frente de Transformación Nacional", estuvo presidido por Carlos Lleras Restrepo bajo expectativas muy favorables dados sus intereses en torno a problemas tales como las reformas constitucional y agraria y la reorganización de la administración pública. Intereses puestos a prueba desde el comienzo de su gestión por el acentuado descontento campesino, las agresivas expectativas terratenientes sobre su control territorial y una generalizada crisis de confianza sobre el Frente Nacional mismo. No obstante, a mediados de su Gobierno y como una forma de institucionalizar sus objetivos, el presidente lograría impulsar la creación de la Asociación Nacional de Usuarios Campesinos, ANUC, bajo cuyo apoyo expediría la ley 1 de 1968. Una ley de tierras para aparceros y arrendatarios rechazada de plano por los terratenientes y defendida por la ANUC a través de masivas invasiones de tierras que, a su vez, obligarían al Gobierno a responder por el mantenimiento del orden social. Y, en consecuencia, a moderar los impulsos iniciales para el tratamiento del problema agrario hasta el punto de aplazar y a veces revertir sus proyectos reformistas.

Los masivos desalojos de arrendatarios y aparceros efectuados por los mismos terratenientes evidenciarían la capacidad de estos últimos para mostrar los límites del Gobierno en sus ideas de cambio. Límites reconocidos por el mismo ministro de Agricultura, Armando Samper, al reconocer el hecho "de que los cambios y realizaciones logrados durante el presente período (1966-1970) en materia de parcelaciones y titulación de tierras, resultan modestos ante la magnitud del problema." (Borja, 2007).

Cambios sin duda modestos dado que de 935 000 familias con necesidades de adjudicación, solo cinco mil habían sido beneficiadas. (*Ibíd.*). Una situación a la que se sumaría la inseguridad rural representada por la conformación del Ejército de Liberación Popular, EPL, en febrero de 1967, frente armado que en el noroccidente del país empezaría a organizar "Juntas Patrióticas" campesinas que, según el mismo Ejército, llegarían a tener ocho mil hombres. Y contra las cuales el Gobierno de Lleras Restrepo seguiría el ejemplo del Gobierno anterior al emitir la ley 48 de 1968 mediante la cual se autorizaba la conformación de grupos de autodefensa bajo el auspicio y control de las fuerzas armadas". (García-Peña, 2006).

El cuarto y último mandato del Frente Nacional estaría presidido por Misael Pastrana Borrero (1970-1974), quien bajo el lema de "Frente Social" se comprometió a hacer efectivas las promesas de modernización y reformas del Gobierno anterior. Así se conformaría en 1970 una amplia Comisión de Evaluación de la Reforma Agraria que, bloqueada por desavenencias internas, conduciría a una nueva reunión con la única presencia de los grandes agricultores. Un comité que ya sin la presencia de la ANUC y los pequeños agricultores, le daría cuerpo al Acuerdo de Chicoral bajo cuya ley 4 de 1973 desmontaría los esquemas reformistas agrarios propuestos y no cumplidos de Lleras Restrepo. De tal modo que el Frente Social, en lugar de favorecer los asentamientos campesinos, terminaría promoviendo un éxodo rural que en lo fundamental favorecía los intereses terratenientes y desestimulaba la búsqueda y aplicación de una reforma agraria integral. Y el Acuerdo de Chicoral terminaría siendo un convenio terrateniente para obstaculizar las reformas hasta el punto de hacer cada vez menos accesible el recurso de la expropiación y la redistribución de la tierra.

Este contexto terminaría por estimular la lucha campesina tal como lo mostraría el fortalecimiento de la ANUC con sus cada vez más amplias movilizaciones y tomas de tierra. Y a promover nuevas formas contestatarias que, como el M-19, surgido en 1973 bajo el impulso de miembros radicalizados del movimiento de Rojas Pinilla, buscaba acreditarse con el lema de "Con el pueblo, con María Eugenia, con las armas al poder". Al lado del cual aparecerían otras agrupaciones como el Movimiento Obrero de Izquierda Revolucionaria, MOIR, de tendencia pro-china y el ADO, un grupo terrorista urbano.

Fueron pues estos cuatro Gobiernos los que entre 1958 y 1974 se enfrentaron ya no a una violencia bipartidista sino a una subversión de izquierda inspirada en los paradigmas políticos del comunismo internacional. Un tránsito que desde el "enemigo interior" propio del nacionalismo rojaspinillista, pasaría a una "política de la violencia" contra las "repúblicas independientes" como amenazas contra la integridad nacional.

El desmonte del Frente Nacional

Después del final formal del Frente Nacional en 1974, habría un alargue de doce años con los tres Gobiernos de coalición de López Michelsen, Turbay Ayala y Betancur Cuartas, este último finalizado en 1986. Un aplazamiento de la competencia inter-partidaria visto por algunos como fruto de las vacilaciones y temores de la clase dirigente frente al retorno de la competencia interpartidaria. Y alentado por dos tipos de consideraciones: a) el temor de las élites políticas al retorno de la violencia entre los partidos bajo el régimen competitivo; b) los cálculos de la dirigencia política para consolidar sus propios intereses y defenderse de "otras clases de conflictos potencialmente más explosivos". (Hartlyn, 1993, p. 252). Alargue del Frente Nacional que le permitía a esa dirigencia tomar una mayor distancia frente a los costosos enfrentamientos interpartidarios de una "Era de la Violencia" que nadie dejaba de recordar. Y le daba la posibilidad de recurrir a las coaliciones bipartidistas como salvaguarda de los principios de un Frente Nacional aún indispensable para consolidar sus grandes objetivos fundacionales.

El primer elegido para esta transición, Alfonso López Michelsen (1974-1978), no podría ser más apropiado: un disidente de su propio partido, fundador del Movimiento de Restauración Liberal, MRL, opuesto a la alternación presidencial del Frente Nacional. Una nueva imagen que recibiría el apoyo a sus primeras medidas presidenciales: apertura hacia las organizaciones sindicales y universitarias, lanzamiento de un plan económico cuyo nombre ("Para cerrar la brecha") prometía una redistribución económica y social, imagen pronto desgastada como lo mostraría el paro cívico nacional de 1977, una de las más grandes manifestaciones de descontento popular a todo lo largo del Frente Nacional dada su amplitud y los sectores implicados: popular y de clase media. Y cuyo desenlace no podría ser más desafortunado para el Gobierno: más de veinte manifestantes muertos y la acusación de ser orientado por el comunismo. Una gestión presidencial frustrada y precedida además por las descalificadoras visiones de un líder que ya había dado por concluida la tarea del Frente Nacional e improcedentes los proyectos futuros para sacar adelante el país. De ahí que lo por venir se limitara al hecho de que las coaliciones bipartidarias se concentraran en enfrentar la amenaza de "un orden distinto", y hacer ver la sobrevaloración de las supuestas "condiciones revolucionarias" expuestas por los enemigos del sistema. O, en otros términos, que la violencia contra el "enemigo interior" como portador de ese "orden distinto" por él denunciado, era la tarea histórica del momento.

Julio César Turbay Ayala, 1978-1982, sucesor de López, haría un Gobierno caracterizado por su exigua sensibilidad social, su vigor para reprimir las demandas populares y el ajustado cálculo en la distribución del poder público entre los dos partidos tradicionales. Para Turbay Ayala, el "enemigo interior" cultivado a todo lo largo del Frente Nacional llegaría a convertirse en el objetivo central de su seguridad nacional. Y así lo mostrarían hechos como los siguientes: a) la represión a las centrales obreras que en el caso la Unión de Trabajadores Colombiana, UTC, sería considerada por el ministro de Defensa, Luis Carlos Camacho, sospechosa "de veleidades subversivas" (López Restrepo, 2007); b) la expedición del rígido "Estatuto de Seguridad", que bajo el estado de sitio incrementó la capacidad represiva de las Fuerzas Armadas; c) la extendida aplicación, sin asistencia de jueces, del artículo 28 de la Constitución para retener a los "sospechosos" de alterar el orden público. Políticas represivas estas justificadas por una creciente y desafiante ola de violencia según hechos tales como los siguientes: 1) el asesinato por el Movimiento de Autodefensa Obrera, ADO, de Rafael Pardo Buelvas, ex ministro de Gobierno del expresidente López; 2) la penetración subrepticia del M-19 en el Cantón Norte del Ejército de Bogotá y la sustracción de cinco mil armas oficiales; 3) la toma por el M-19 de la embajada de la República Dominicana y la retención durante dos meses de quince representantes de varios países; 4) la sexta conferencia guerrillera de las Farc a comienzos de 1978, como marco de intensificación de la guerra contra el Estado; 5) la ampliación del teatro urbano de guerra por parte del M-19 al lanzarse al campo mediante operaciones como su instalación en Nariño, Chocó y el Caquetá; 6) el rechazo por las guerrillas a la Ley de amnistía aprobada por el Congreso en 1981; 7) el reinicio de la lucha armada por el M-19 en 1983, después de la aceptación parcial de paz convenida con el Gobierno en 1982.

Un amplio panorama de enfrentamientos a los cuales se agregaba el surgimiento en 1981 del MAS, Muerte a Secuestradores, primera organización paramilitar compuesta por narcotraficantes, propietarios rurales, miembros de las Fuerzas Armadas.

El último Gobierno del Frente Nacional sería el de Belisario Betancur, 1982-1986, representativo de iniciativas tales como el reconocimiento del carácter político de las Farc y un cese del fuego con esta guerrilla, acciones seguidas por un proceso de paz bajo el cual el Congreso aprobaría, a fines de 1982, de una Ley de amnistía completada en 1985 con una Ley de indulto, consideradas como las más amplias "que se hayan aprobado en la historia del país" y bajo las cuales: "alrededor de 900 rebeldes encarcelados, incluyendo altos dirigentes del M-19, fueron puestos en libertad" hasta completar un total de 1110 guerrilleros que se acogerían a la amnistía. (Hartlyn, 1993, p. 276). Una política de paz bastante concreta que llevaría al Gobierno a detener sus operaciones militares mientras la guerrilla, con cerca de cuatro mil efectivos armados, no dejaba de aumentar sus fuerzas. No obstante lo anterior, Belisario le abriría las puertas del diálogo a las Farc, la Autodefensa Obrera, el Ejército Popular de Liberación, EPL y el Movimiento 19 de Abril, M-19, hasta el punto de lograr un "Diálogo Nacional" en el que también participarían los guerrilleros amnistiados, otros sectores de la izquierda y de los partidos tradicionales. (Flórez, 2007). Una visible voluntad presidencial de paz que no lograría sobreponerse a situaciones como las siguientes: a) las maniobras del ministro de Defensa, general Fernando Landazábal, contra las políticas de paz de Betancur hasta el punto de llevarlo a decidir su destitución; b) la renuncia de Otto Morales, presidente de la Comisión de Paz, después de haber denunciado a "los enemigos agazapados de la paz dentro y fuera del Gobierno"; c) la toma y retoma del Palacio de Justicia por el M-19 y el Ejército nacional en noviembre de 1985; d) la campaña de exterminio contra la Unión Patriótica, UP.

Lo del Palacio de Justicia tendría una singular significación como desenlace de los objetivos desestabilizadores tanto de la extrema izquierda como de altos mandos militares interesados, según sentencia judicial pronunciada 26 años después, "en el desmantelamiento de los acuerdos de paz" propiciados desde el Gobierno. Un interés que en el caso de estos últimos los llevaría a neutralizar e impedir de facto "que el Presidente accediera a las demandas de los actores ilegales." (*El Tiempo*, 2011, dic. 19). Hasta el punto de que como lo definiría la sentencia de la juez 51 de Bogotá, si bien la responsabilidad de la toma del Palacio había sido de la guerrilla, la retoma por parte del Ejército había desbordado la ley ya que las pruebas recogidas hasta el momento permitían sostener "la tesis de que el Ejército nacional, encabezado por el entonces ministro de Defensa general Miguel Vega Uribe, perpetró un golpe de Estado temporal, al imponerse sobre el poder público." (*Ibíd.*, dic. 22).

Conclusiones concordantes con el Tribunal Superior de Bogotá en el fallo de condena al coronel Alfonso Plazas Vega, comandante de la toma del Palacio, al señalar "que la recuperación del Palacio respondía a un plan militar, pues a pesar de que el Estado ya estaba advertido de la toma, no hizo nada para prevenirla y, por el contrario, dejó entrar a los del M-19 con el ánimo de aniquilarlos." (*Semana*, 2012, feb. 6). Juicio este ampliado por el Tribunal con la aseveración de que los altos mandos militares habían dado la instrucción de que

> no debía haber sobrevivientes en el M-19, de modo que adentro del edificio se cometieron homicidios de quienes ya no estaban en combate, estaban heridos y desarmados (…) y fuera del edificio contra quienes de ellos pudieron salir, se cometió desaparición forzada. (*Ibíd.*)

Un tema, el de los desaparecidos, sobre el cual el expresidente Belisario Betancur declararía ante la justicia haber tenido conocimiento de "numerosos desaparecidos" hasta el punto de ordenar "la iniciación de todas las investigaciones que fueran necesarias" Y en otra declaración posterior agregó que "se me informó (por parte del ministro de Defensa) que era posible que algunos de los asaltantes hubieran salido con vida". (De la Calle, 2012).

Así que la Comisión de la Verdad, conformada por tres ex presidentes de la Corte Suprema de Justicia, declararía lo siguiente: "imposible contrariar documentos, testimonios y piezas de expedientes judiciales que permiten afirmar en un grado de certeza que sí hubo desaparecidos". Aserto acompañado por la conclusión de que "hubo excesos de lado y lado, pues el M-19 irrumpió matando a civiles inocentes, y la operación de la Fuerza Pública "no tuvo compasión con los rehenes". (*El Tiempo*, 2013a). Un informe este cuya seriedad sería reivindicada por el mismo presidente de la república Juan Manuel Santos en noviembre de 2002 al cumplirse los 25 años de la tragedia, y en cuyo discurso reconocería la desaparición de doce personas siempre negada por los estamentos militares: "Nuestro deber es rescatar la verdad, por dolorosa que sea, sobre lo que ocurrió en el Palacio y acompañar a las víctimas y a los familiares." (*Semana*, 2013, feb. 25).

Un rescate de la verdad al que la Comisión Interamericana de Derechos Humanos contribuiría de modo notable a través de su presidente, José Orozco, al advertir en noviembre de 2013 que el Estado colombiano aún no le había dado "respuesta satisfactoria" a las violaciones ocurridas durante la toma del Palacio. Y señalar que pese a detectar las posibilidades inmediatas del asalto, el Gobierno había retirado la seguridad militar "unos días antes" buscando con ello facilitar la toma y así "eliminar miembros y simpatizantes del M-19". (*Semana*, 2013, nov. 18). Además de concluir con las siguientes aseveraciones: "se constató que después de la retoma hubo torturas físicas y psicológicas (...) los casos de desapariciones y torturas siguen impunes (...) aunque algunos militares fueron condenados" las sentencias "aún no se ejecutan". (*Ibíd.*).

En conclusión, el Gobierno de Betancur terminaría bajo dos extremos y violentos desenlaces: el del Palacio de Justicia y el genocidio de la Unión Patriótica, caso especialmente notable dado el reconocimiento que el Gobierno le había dado a este grupo bajo su promesa de cambiar la protesta de las armas por la de los votos. Acuerdos mantenidos por el Gobierno pese a los compromisos entre las Farc y la UP establecidos en la VII Conferencia guerrillera de 1982, según los cuales el jefe guerrillero Jacobo Arenas haría de la Unión Patriótica su nueva vanguardia política. (Dudley, 2008, p. 95). O, dicho de otra manera, que la UP era una parte del plan maestro de Arenas orientado a que las "Farc pudieran ensanchar su ejército en el campo y llevar sus políticas a las ciudades". (*Ibíd.*, p. 98). En todo caso los resultados de la UP en las elecciones parlamentarias de 1986 no dejaban de ser inquietantes: 328 700 votos con listas propias además de los logrados en coalición con listas del partido liberal para alcanzar ocho curules en el Congreso, 22 en las Asambleas departamentales y representación en 150 Concejos municipales. (*El Tiempo*,

1986, mar. 16). A lo cual se sumaban los votos del candidato Jaime Pardo Leal en las elecciones presidenciales del mismo año: 328 752 votos, cuatro veces más que los logrados por el candidato del Partido Comunista en la contienda presidencial de 1982.

Así que las Juntas Patrióticas de la UP creadas por las Farc para "aprovechar y capitalizar la tregua" con el Gobierno, ya estaban asumiendo tareas tradicionalmente desarrolladas por el viejo Partido Comunista: la integración obrero-campesina, los sindicatos, las agrupaciones estudiantiles. Hasta proyectarse como una visión estratégica de Jacobo Arenas en competencia con el aparato tradicional del PC, tal como lo diría años después Álvaro Salazar, jefe de propaganda de la UP, con crudo realismo:

> Jacobo nunca quiso que el partido fuera más que la apertura de un espacio político para el movimiento militar. Esto hacía parte del plan de guerra (dentro del cual) éramos el batallón de sacrificio de tal manera que pudiera justificar su guerra (*Ibíd.*)

Un plan de guerra en plena realización durante los tres años siguientes a la VII Conferencia de 1982, al aumentar sus fuerzas a cinco mil efectivos distribuidos en 29 frentes a lo largo del país. De ahí sus presuntuosas palabras:

> En realidad cuando firmamos los acuerdos de la Uribe eran veintisiete frentes. Hoy nos vamos cuadrando ya sesenta frentes... esa es la lógica de la vida, la lógica de la dinámica y la lógica del desarrollo dialéctico de los organismos vivientes. (Dudley, 2008, p. 148).

Pero un plan frente al cual la extrema derecha respondería con una campaña de exterminio de los líderes de la UP a partir de 1986: Jaime Pardo Leal y Bernardo Jaramillo candidatos presidenciales, Leonardo Posada representante a la Cámara, Pedro Nel Jiménez, senador. Asesinatos que dejarían 165 víctimas bajo el mandato de Betancur hasta alcanzar en el Gobierno siguiente de Virgilio Barco un total de 525 víctimas. Un genocidio anunciado desde mediados de 1985 por el periodista Enrique Santos Calderón:

> Sería grave que los seguidores de la UP empezaran a ser persegui-
> dos o asesinados. Si tal situación se generaliza, no cabría duda de
> que existe una provocación en grande escala contra la paz. Signi-
> ficaría la prueba última -palmaria y definitiva- de que poderosas y
> bien armadas fuerzas están dispuestas a impedir a cualquier precio
> que la política de pacificación tenga éxito alguno (Santos, 1985).

Tal como lo vería siete años después la Comisión Interamericana de Derechos Humanos al calificarlo de genocidio político en su informe sobre Colombia. Y que solo en diciembre de 2012 sería reconocido como tal por la justicia colombiana en un fallo condenatorio en el que hablaba de un "genocidio por causas políticas": "quienes realizaron tal ataque contra la UP afectaron gravemente el régimen político y democrático, y por ende situaciones como la descrita no deben repetirse jamás. (*El Tiempo*, 2002, dic. 17).

De todas maneras la búsqueda de la paz como plan de incorporación de los insurgentes a la vida civil tuvo bajo Betancur especiales características, una de las cuales fue el evitar en sus referencias a la guerrilla los descalificadores señalamientos de "bandoleros" y "malhechores". Y la de aceptar la existencia de ciertas condiciones objetivas y subjetivas que explicaban los extremismos de izquierda. De ahí que un plan efectivo de paz debiera asumir programas de desarrollo que orientados hacia la redistribución social de la riqueza, invalidaran los argumentos de la violencia política. Un esquema válido sin duda pero impracticable bajo un contexto político caracterizado por factores como los siguientes:

El fortalecimiento en las Fuerzas Armadas de la línea dura contra el proceso de paz como resultado de la eficacia del operativo sobre el Palacio de Justicia.

La desconfianza frente a los diálogos de paz con la guerrilla por parte de los gremios, las Fuerzas Armadas, el Parlamento y los partidos liberal y conservador.

EL RETORNO DEL ESQUEMA GOBIERNO - OPOSICIÓN

Con Betancur, el consociacionalismo como "acuerdos explícitos de élites interesadas en propiciar como bien supremo la estabilidad del sistema político" (Gutiérrez, 2000), había terminado. Virgilio Barco (1986-1990), su sucesor y primer mandatario de los nuevos Gobiernos de partido, conservaría del mandato anterior las llamadas "causas objetivas y subjetivas" de la violencia. "Objetivas" en términos de los déficits gubernamentales respecto del desarrollo económico y social del país; "subjetivas" en cuanto a los antagonismos entre las diferentes visiones e ideologías en torno a la futura identidad del país. Causas unas y otras que tratadas desde los programas de desarrollo debían ser reducidas hasta el punto de darle lugar a una redistribución de la riqueza como base social para el logro de la paz.

No obstante concordar con los anteriores postulados, Barco sería explícito en desconocer al insurgente como un denunciante representativo de las carencias fundamentales que pudieran darse en el orden social. De ahí que la paz, más que resultado de negociaciones, debía derivarse de crecimientos socio-económicos como factores favorables para el establecimiento de un clima de convivencia, esquema ocupado no tanto en las deformaciones de estructura como en las fallas de funcionamiento puntual, las menguas en las dinámicas sectoriales, y en el que la insurgencia era reducida al marco de las disfunciones locales. Así que para Barco la crisis de la sociedad colombiana terminaba siendo un problema por resolver con medidas tópicas de ingeniería social y no con catastróficos cambios de estructura. Más que pacificación un apaciguamiento desde el cual podrían concretarse proyectos como los de la Erradicación de la Pobreza Absoluta y el Desarrollo Integral Campesino, apoyados en el Plan Nacional de Rehabilitación del mandato anterior. Una, en fin, juiciosa *política de cambio para la reconciliación, normalización y rehabilitación* como meta de cambio para desarrollar durante sus cuatro años de Gobierno. Y pronto contradicha tanto por la guerrilla como por una contrainsurgencia cívico - militar empeñada en recordarle al país la amenaza de ese "enemigo interior" tan poco mencionado por el Gobierno anterior. Una contrainsurgencia que en 1987 había sido presentada bajo el nombre de "Comités Civiles de Autodefensa" por el Ministro de Defensa, general Rafael Samudio, con el argumento de que eran asociaciones comunales para proteger sus vidas y sus bienes. Y que el 11 de noviembre de 1988 cometería su primera gran masacre en Segovia, municipio donde la Unión Patriótica había ganado las elecciones locales, y cuyo castigo sería el asesinato de 43 de sus habitantes. Una contra-insurgencia avalada en 1989 por el general Fernando Landazábal bajo las palabras siguientes: "el pueblo forma parte del Ejército (y) el pueblo tiene que defenderse de quienes están tratando de socavar el poder constitucional." (N.C.O.S., SAGO, 1995). Y concretada por las "Autodefensas Campesinas de Córdoba y Urabá", ACCU, al mostrar su capacidad criminal en hechos como los siguientes: dos asesinatos colectivos de trabajadores en la región bananera del norte del país con un saldo de veinte víctimas mortales; la masacre en el año de 1990 de 43 campesinos en la población de Pueblo Bello, Antioquia. Unas autodefensas estas cada vez más consolidadas dentro del empresariado rural gracias a campañas como el debilitamiento y desmovilización posterior del EPL y la reducción del secuestro de ganaderos por parte de la guerrilla. Hasta el punto de que en 1994 Rodrigo García, presidente de la Federación de Ganaderos de Córdoba, llegara a plantearle en una carta al ministro del Interior lo siguiente: "en medio de esta dramática situación y como una necesidad evidente, surgieron las autodefensas lideradas por el señor Fidel Castaño, las que fueron y siguen siendo consideradas como auténticas liberadoras de la región." (Castro Caycedo, 1996).

Así que las AUC ya habían logrado en este momento lo que su fundador Fidel Castaño había proclamado en 1991 al señalar en una entrevista que "las autodefensas en Colombia no valen nada si no tienen una parte política y otra económica y si sólo se usan para defender fincas y territorios". (Gómez, 1999). Autodefensas con una compleja y rápida evolución desde sus inicios en los años sesenta como MAS (Muerte a Secuestradores), para castigar a la guerrilla por los secuestros de familiares y allegados de los narcotraficantes. Organizadas después como aparatos militares de los carteles de la droga bajo el Gobierno de Barco, y configuradas después como paramilitares gracias al intercambio de favores con las Fuerzas Armadas, lo que sería denunciado por Amnistía Internacional en 1988: "existen pruebas convincentes de que las Fuerzas Armadas de Colombia han adoptado una política de terror con el propósito de intimidar y eliminar a sus oponentes sin recurrir a la ley. (Pearce, 1992). Complicidad que más de veinte años después, a comienzos de 2011 y ya bajo el Gobierno de Juan Manuel Santos, la Corte Suprema de Justicia confirmaría al señalar que, desde el mandato de Belisario Betancur, altos mandos militares ya estaban combatiendo a la guerrilla a través de las autodefensas. De ahí que tal como lo diría la Corte:

los militares continuaron la guerra por interpuesta persona en tres grandes regiones dominadas por las Farc, al entrenar, apoyar y armar a las autodefensas de Puerto Boyacá, el nororiente antioqueño y la región del Ariari en Meta. (Así que) mientras Betancur seguía adelante con las negociaciones que fracasaron al cabo de cuatro años, Puerto Boyacá se autoproclamaba como "la capital antisubversiva de Colombia". (*El Tiempo*, 2011, mar. 20).

Devastadora conclusión a partir de la cual ya no podía negarse que las violencias guerrillera y contraguerrillera se habían fortalecido bajo prácticas ilegales generadas desde el mismo Estado, hasta el punto de que frente a ellas los resultados legales del Gobierno contra la subversión fueran irrisorios: la incorporación a la vida legal del M-19, los acercamientos con el Quintín Lame y el Partido Revolucionario de los Trabajadores, las negociaciones con el EPL. Mientras que, por el contrario, las acciones ilegales se hicieran cada vez más visibles tal como lo mostraba la aparición a mediados de 1988 de la Asociación Campesina de Agricultores y Ganaderos del Magdalena Medio, ACDEGAM, grupo que en menos de un año ya sumaba doscientos activistas populares asesinados. Y que como empresa criminal de narcotraficantes, militares y ricos propietarios del agro expulsaría a la guerrilla de Puerto Boyacá logrando "el cambio de adhesiones más drástico que se haya presentado en una región colombiana": convertir el "municipio de Puerto Boyacá y su área de influencia en un bastión anticomunista. (Cubides, 1999). Una "república independiente paramilitar" (*Semana*, 1989, abr. 11) creada a partir de focos delincuenciales desde los cuales los capos del narcotráfico, contrabandistas de armas y traficantes de esmeraldas, irían construyendo sus santuarios de seguridad. Hasta hacer de Puerto Boyacá la primera republiqueta narcotraficante y antiguerrillera abiertamente opuesta a las concesiones gubernamentales orientadas a reconocerle un carácter político a la guerrilla.

El mandato de César Gaviria Trujillo (1990-1994) había recibido un antagonismo Estado - guerrilla en los siguientes términos: a) las acusaciones de la administración anterior en el sentido de que los acuerdos de paz habían sido desviados y entorpecidos de forma sistemática por las Farc; b) las acusaciones de la guerrilla que señalaban como insuficientes las reformas socioeconómicas y políticas salidas de un eventual acuerdo con Barco. Un contexto que propiciaba el reacomodamiento del aparato de guerra insurgente según lo mostraría la primera cumbre de comandantes de la recién creada Coordinadora Guerrillera Simón Bolívar, CGSB (Farc, ELN y una fracción disidente del EPL). En efecto de la Coordinadora saldría una carta dirigida al Gobierno en la que se declaraba el interés "por la solución global al conflicto armado y los factores que lo generan" además de la disposición para "concertar ceses de fuego bilaterales con plazos definidos". (*El Tiempo*, 1990, oct. 2), propuestas seguidas de la demanda sobre la presencia de la CGSB en la Asamblea Nacional Constituyente, próxima a reunirse y subrayada con una gran ofensiva insurgente respondida por el Gobierno con la toma militar de "Casa Verde", comando central de las Farc, lo que a su vez tendría como contrarréplica una fuerte ofensiva cuyo saldo en un solo mes de actividades bélicas sería el siguiente: 84 atentados en 18 departamentos y cinco intendencias y comisarías, 64 miembros de las Fuerzas Armadas y 26 civiles muertos, ingentes daños a la infraestructura energética y de comunicaciones en todo el país. Pruebas de fuerza guerrillera que en un solo día acompañarían la instalación de la Asamblea Nacional Constituyente con las siguientes acciones: doce atentados contra la red de oleoductos, quince vehículos incendiados, diez torres de energía voladas, 17 miembros de las Fuerzas Armadas muertos y diez secuestrados como saldo de ataques en 22 sitios de seis departamentos. Una evidente muestra de decisión y fuerza guerrillera que llevaría al Gobierno, en nombre de un "pragmatismo necesario", a "aclimatar la concordia" mostrándose dispuesto "sin condicionamientos previos que pudieran dificultar las fórmulas a realizar conversaciones en el exterior si fuera necesario". Sorpresiva legitimación internacional del conflicto interno esta última, contraria a la tradición frentenacionalista de mantener al "enemigo interior" por fuera de los protocolos de Estado.

Ya a partir de este momento el Estado se vería envuelto en una serie de concesiones iniciadas con la aceptación de la exigencia hecha por la Coordinadora Guerrillera para llevar las conversaciones a La Uribe, sitio de donde había sido expulsado el comando central de Casa Verde: "sin detrimento de que posteriormente si es el caso, debamos recurrir a otros lugares o a otros países amigos para continuar su desarrollo". (*El Tiempo*, 1991, feb. 9). Así, gracias al expediente de apostar al lance más duro e inaceptable como era La Uribe —de donde las Fuerzas Armadas deberían retirarse en caso de acuerdo—, la Coordinadora haría de los sitios de negociación una particular prueba de fuerza. De ahí su insistencia en tal lugar ya que, según ella, solo allí se "generarían las condiciones inmediatas para dar inicio a los diálogos y la negociación". En definitiva y ante la negativa del Gobierno, tres jefes guerrilleros de las Farc, el ELN y el sector disidente del EPL, entrarían a la embajada de Venezuela en Bogotá desde donde solicitarían diálogo directo, en la misma sede, con el Gobierno colombiano. Este, después del formal rechazo al sitio, terminaría por aceptar la ciudad de Caracas como sede del encuentro a partir del 3 de junio de 1991. Encuentro no obstante condicionado por la guerrilla bajo nuevas consideraciones: a) "nuestro proceso no será corto sino muy largo, ya que pensamos que debe haber transformaciones reales en la estructura política, económica y social del país"; b) "el objetivo a superar en este proceso no puede ser el comúnmente conocido como conflicto armado"; c) "el propósito de la Coordinadora no es su desmovilización por algunas concesiones políticas, sino buscar la solución de los problemas de los colombianos". (*El Espectador*, 1991, jun. 9).

Una primera ronda en la que el Gobierno rechazaría dos propuestas de las Farc: a) que en las eventuales zonas de distensión sus columnas se ubicaran en cabeceras municipales, vías principales o áreas de especial valor económico; b) ser invitados a la Asamblea Nacional Constituyente "para exponer nuestro pensamiento" ya que no podían hacerlo como plenipotenciarios. El comienzo de la segunda ronda acordada para el 15 de julio, poco después de promulgada la nueva Constitución Nacional, sería aprovechada por la guerrilla para lanzar una masiva ofensiva terrorista en todo el país. Torres eléctricas, puentes, oleoductos, gasoductos, redes de aeronavegación, fueron volados por los subversivos con las siguientes consecuencias: siete departamentos de la costa con racionamiento de energía, noventa mil familias sin gas en Bucaramanga, regiones completas de los Llanos Orientales aisladas del resto del país, cierre del aeropuerto de Cartagena por atentados con explosivos. Acciones rechazadas por la población mediante jornadas cívicas de protesta en once departamentos del país, y suspendidas por la Coordinadora Guerrillera al ordenarle a sus frentes "cesar inmediata e indefinidamente las acciones contra la infraestructura eléctrica de la nación". (*El Tiempo*, 1991, ago. 3). Pero que el comandante Manuel Marulanda proclamaría en un video enviado por el Estado Mayor de las Farc a algunos dirigentes del Partido Comunista Colombiano: "Camaradas, el poder está cerca. La guerrilla continúa manteniendo su plena vigencia y, a través de las armas, nos tomaremos el poder. Hay que tener paciencia". (*Ibíd.*, ago. 11).

La tercera ronda se iniciaría a comienzos de septiembre de 1991 con dos declaraciones por parte del Gobierno: 1) el ultimátum a la guerrilla para definirse entre la paz o la guerra ya que no aceptaría una nueva escalada terrorista; 2) la propuesta gubernamental de concentrar los frentes subversivos en sesenta puntos ubicados en veredas, corregimientos e inspecciones de policía, nunca en las cabeceras municipales y fuera de las zonas vitales de la economía y la administración pública. Y una contrapropuesta de la Coordinadora en el sentido de emplazar sus frentes en 96 zonas de distensión localizadas en territorios "de ninguna manera menor al área de dos municipios" y protegidas por una franja neutral, sin presencia de ninguno de los dos antagonistas, propuesta negada de inmediato por el Gobierno ya que "supondría el retiro de las Fuerzas Militares de aproximadamente la tercera parte de los municipios colombianos, lo cual no puede ser siquiera materia de consideración." (*Ibíd.*, sep. 18). Bajo la cuarta y última ronda la guerrilla atentaría contra la vida del presidente del Congreso, Aurelio Iragorri, en una cruenta acción con siete víctimas mortales, hecho que llevaría al Gobierno a cesar los diálogos hasta tanto se presentara "un definitivo cambio de actitud por parte de los grupos guerrilleros, que permita que las condiciones de distensión (…) puedan darse de manera permanente" (*Ibíd.*, oct. 3) y que llevaría a la CGSB a declarar que lo sucedido afectaba gravemente el proceso y demostraba cómo "en Colombia sigue teniendo vigencia la lucha armada". (*Ibíd.*, sep. 26). Fin de las conversaciones hasta el año siguiente cuando, a mediados de marzo de 1992, serían trasladadas a Tlaxcala, México. Y un nuevo y dramático comienzo de acciones contra la paz cometidas por quienes se sentaban en una mesa de diálogo para ponerle fin a la guerra, cumplido con el asesinato en cautiverio del exministro Argelino Durán, de 78 años de edad, secuestrado por la guerrilla varias semanas antes y que ante la exigencia del Gobierno de "un cambio en las prioridades de la agenda para discutir inmediatamente los temas del cese al fuego y del secuestro", tendría como respuesta de la Coordinadora la cancelación de contactos bajo el supuesto "empecinamiento del Gobierno Nacional por modificar los acuerdos del 13 de marzo y condicionar la discusión". (Los papeles de Tlaxcala, s.f.).

Cuatro meses transcurridos desde Caracas a Tlaxcala bajo un complejo forcejeo entre las partes: violencia guerrillera, represión oficial, gestos gubernamentales favorables al reencuentro de las partes, declaraciones de los líderes rebeldes contra las políticas estatales pero a favor de un abstracto acuerdo nacional. Cuatro meses rematados a fines del año por un notable aumento de sabotajes guerrilleros que, al generar "la profunda indignación de los colombianos" (*Semana*, 2006, mar. 26), le permitiría al Gobierno declarar una "ofensiva permanente" y degradar en términos formales a la guerrilla al considerarla ya no un contrincante subversivo sino un simple delincuente común. Así, contra esta delincuencia y la creciente amenaza terrorista del cartel narcotraficante de Pablo Escobar, se llegaría a la llamada "guerra integral" de finales de 1992 y, a partir de esta, a un "estado de conmoción interior" extendido hasta mediados de 1993. Una conmoción bajo la cual el Gobierno presentaría los balances siguientes: en cuanto al extremismo de izquierda: 760 guerrilleros muertos, 1860 capturados, entre ellos veinte comandantes de frente; en cuanto al narcotráfico: diez mil allanamientos al cartel de Medellín más la captura de los más importantes lugartenientes de la organización. (Leal, 2002, pp. 94-95).

En todo caso y más allá de su pragmática antisubversiva, el Gobierno de César Gaviria se había caracterizado por una ambiciosa agenda de seguridad nacional en la que se destacaba una "Estrategia Nacional contra la Violencia", presentada en mayo de 1991. Una estrategia orientada a desarticular lo que ya era visto como el mortal entrelazamiento de las varias formas de violencia en el país: la subversiva, la del narcotráfico, la de la justicia privada o paramilitar y la común. Unas violencias que según el documento no dependían de déficits socioeconómicos o sociopolíticos dado que "el aumento de las tasas de criminalidad en Colombia mal podría atribuirse a supuestas o reales alteraciones en las condiciones sociales o políticas del país en los últimos años". (Estrategia…, 1991, p. 4). Por el contrario, esos diagnósticos centrados en "supuestas deficiencias del régimen democrático para explicar la violencia" habían terminado por desestimar la intención y alcances de diversos e importantes pasos dados en la búsqueda de una participación más amplia y participativa". Hasta el punto de subestimar logros como los de la década anterior en cuanto a su apreciable reducción "de los índices de pobreza absoluta y una distribución de los recursos más equitativa, en especial entre la población rural". (*Ibíd.*, p. 8). Así que la "Estrategia Nacional contra la Violencia" era, más allá de su contexto inmediato, una de las más importantes reflexiones sobre el conflicto armado hechas por el Gobierno colombiano desde los inicios de la Era de la Violencia en 1946. Una estrategia que al pretender deslegitimar la violencia subversiva y desmontar sus pretextos bélicos mediante reformas "específicas y permanentes en los campos social, económico, político, jurídico", no dejaba de realzar la necesidad y alcance de la defensa militar en todo el territorio nacional. Y sin que esto invalidara la "condición de alzados en armas por supuestas razones políticas" ya que pese a la falta de negociaciones oficiales con la guerrilla, no excluía una especie de diálogo indirecto en torno a temas de desmovilización, desarme y búsqueda de objetivos políticos por medios pacíficos. (*El Tiempo*, 1990, ago. 8). Mientras tanto la capacidad y disponibilidad del uso de la fuerza legal se mantendría para casos como los siguientes: a) garantizar el monopolio estatal del uso de la fuerza; b) recuperar la capacidad de la justicia para sancionar los delitos y combatir la impunidad; c) ampliar el cubrimiento institucional del Estado a todo el territorio nacional. (Leal, 2002, p. 82). Tal como lo haría con sus declaraciones de emergencia: la "guerra integral" de 1992 y el "estado de conmoción interior" de 1993.

Dichas emergencias le darían cuerpo al crucial documento presidencial *Seguridad para la gente* en el que se afirmaba que entre la guerrilla, el narcotráfico y la delincuencia común, se habían desdibujado sus límites de modo que las reivindicaciones sociales de la primera habían perdido toda legitimidad. Diagnóstico a partir del cual la guerrilla pasaba a ser un objetivo más del plan oficial de Seguridad Ciudadana, encargado de reglamentar la vigilancia y la seguridad privadas. Con las excepciones, presentadas como una especie de última oportunidad a seguir por el resto de los alzados en armas, de dos grupos menores insurgentes desmovilizados en abril de 1994: la Corriente de Renovación Socialista y las Milicias Populares del Valle de Aburrá. Así, en fin, culminaría un singular proceso en el que la insurgencia colombiana sería tratada de dos maneras por completo distintas en el plazo de cuatro años: a) como subversión política nacional y excluida, por lo mismo, del viejo estigma de "enemigo interior" propio de la tradición frentenacionalista; b) como delincuencia común dentro de una "guerra integral" que la colocaba al mismo nivel del narcotráfico. Guerra bajo la cual el Gobierno justificaría la creación de autodefensas privadas que como las Asociaciones Comunitarias de Seguridad Rural, luego Convivir, serían legalmente descalificadas por la Corte Constitucional en 1997.

En todo caso bajo Gaviria la notable deslegitimación de la guerrilla había llevado a algunos sectores oficiales a presumir que, dada su degradación política, su final era inminente. Presunciones triunfalistas como las del ministro de Defensa Rafael Pardo Rueda para quien, tal como sería expresado ante la prensa, la guerrilla sería sometida en 18 meses. Y riesgosas apuestas como las de este mismo ministro al asumir "la responsabilidad de que en año y medio se negociará de nuevo" según lo dicho al diario *El Espectador*. Declaraciones frente a las cuales la guerrilla no dejaría de hacerle, a César Gaviria, su rutinaria y sangrienta despedida de Gobierno.

EL DESENCANTO CONSTITUCIONAL

Tal como fue señalado en páginas anteriores, nuestra historia republicana ha estado marcada por un fetichismo constitucional que tiende a sustituir las relaciones concretas de la vida social y política por las ideas normativas de sus cartas constituyentes. Una inversión fetichista que desde las constituciones de la Primera República Granadina se iría repitiendo a todo lo largo de nuestra historia republicana. Hasta confirmarse durante el Frente Nacional en los siguientes casos: Lleras Camargo al reformar en 1960 el estatuto constitucional de 1886; López Michelsen con su proyecto constituyente sepultado en 1978 por la Corte Suprema de Justicia; Julio César Turbay en sus intentos también frustrados por la misma Corte en 1981. Y repetido por Virgilio Barco en 1988 con un temario reformista cuyos 181 artículos en pos de una "Democracia participativa y justicia social", sería bloqueado por un Congreso en el que predominaban factores como los siguientes: a) oposición a la iniciativa gubernamental de "desbloquear el régimen político colombiano a través de un frustrado referendo" (Gómez, 2000; b) recepción por parte del Congreso de un petitorio de los narcotraficantes sobre medidas de indulto y desmovilización de sus fuerzas; c) soterradas iniciativas destinadas a lograr, dentro de un eventual proyecto constitucional, la incorporación de extradiciones de nacionales inculpados por narcotráfico. (Jiménez, 2006). Expectativas todas estas cuya frustración llevaría al poder mafioso a desatar una gran ofensiva terrorista después de asumir el reto, según carta enviada al Gobierno, de "una guerra total" respondida por Gobiernoeste con su declaratoria de estado de sitio a mediados de 1989, dentro del cual se darían eventos tan cruciales como las elecciones presidenciales y la convocatoria a la Asamblea Nacional Constituyente en 1990.

La Asamblea Constituyente, impulsada de modo notable por el movimiento estudiantil, se había convertido en el experimento reformador más importante de la historia política colombiana dada la amplia muestra de opiniones e intereses movilizados a su alrededor. Un evento cuyas 1580 mesas abiertas para la recepción de proyectos de reforma, recibiría 100 596 propuestas entre los meses de septiembre y noviembre de 1990. Y cuyos protagonistas veían como un acontecimiento ausente de cálculos y componendas ya que "para ese entonces, la Constituyente era figurada como escenario de un nuevo *contrato social*, de una refundación de la vida política." (*Ibíd.*, p. 263). Y de un momento de orden público que precedido por la desmovilización del M-19 y cuatro grupos guerrilleros menores, más la promesa del ELN de abrirse a un proceso de paz si había Constituyente, dejaba a las Farc como los únicos empeñados en la vía armada. Pero, además, la Asamblea no dejaba de ser una muestra de contrición del viejo bipartidismo interesado en redimir sus viejos pecados e indolencias respecto del manejo del país. Tal como lo mostraban las expectativas de los partidos tradicionales en torno a proposiciones como las de "democracia participativa", "instituciones sólidas y eficaces", "fuerzas nuevas distintas a las tradicionales", "debilitamiento del clientelismo", "reducción sustancial de la abstención." Todo un proyecto nacional de desarrollo económico y modernización política dentro del cual debía adelantarse el proceso de paz. Y en el que volvían a sobresalir nociones como las de crisis del contrato social vigente, carta de derecho con fuertes restricciones y sobrepeso de los militares en el Estado en términos de los parámetros constitucionales. (García, 2002). Pero también, y desde otra perspectiva, una carta más en ese viejo y desconsolador pasado republicano de dieciséis cartas constitucionales en setenta y nueve años. Y sesenta y siete reformas en ese centenario recorrido de pronunciamientos democráticos.

De todas maneras, la Carta del 91 no dejaría de animar las expectativas de un futuro mejor en el que gracias al fortalecimiento del Estado y de la sociedad civil, se pudiera superar el enfrentamiento armado. Y a partir de allí alcanzar una consolidación política de las instituciones como medios desde los cuales gobernantes y gobernados pudieran juzgar los manejos y resultados de la esfera pública. Expectativas pronto frustradas por la "guerra integral" y el "estado de conmoción interior" de 1992 decretados desde el Gobierno contra las tres grandes violencias que azotaban al país: la social, la política y la del narcotráfico. Un contexto dentro del cual la reciente Constitución de 1991 se iría viendo cada vez más aislada frente a ese modelo de autoridad central basado en el Estado de Sitio y en la autonomía de los militares dejado por el Frente Nacional.

Ya en el Gobierno siguiente de Ernesto Samper Pizano (1994-1998), las tres grandes violencias acabadas de mencionar mostrarían un creciente poder de alcance. Y, en esa misma medida, la carta constitucional emitida tres años atrás empezaría a mostrar sus serias debilidades de control y cobertura frente a dos graves problemas: 1) la creciente injerencia del narcotráfico en el funcionamiento económico, social y político del país; 2) las estructuras de seguridad privada que bajo la forma de autodefensas generarían un *paramilitarismo* como poderosa alianza bélica entre propietarios rurales y sectores de las Fuerzas Armadas.

En el caso del narcotráfico, pronto sería visible cómo su expansión le iba dando al Gobierno un especial sello que, tal como sería visto desde la academia, le daría a los Estados Unidos, "con la actual administración, más de lo que había logrado con los cuatro previos mandatos cuatrienales, de los que extrajo políticas puntuales altamente represivas pero nunca la casi totalidad de sus objetivos." (Tokatlian, citado por Leal, 2002, p. 122).

Algo por lo demás justificado desde la administración pública por la magnitud de una tarea imposible de afrontar con los solos medios nacionales, ya que Colombia se había convertido en un gran productor de cultivos ilícitos con su catorce por ciento del total de hectáreas sembradas a nivel global. Tarea esta que bajo el nombre de "Operación Resplandor" comprometía al Gobierno a liquidar en dos años los cultivos ilícitos del país con un mínimo impacto social y sin mayores daños ecológicos. Pero con máximos alcances en términos de seguridad pública ya que los cultivos ilícitos se habían convertido en una nueva y peligrosa asociación entre la delincuencia común y la subversión política. De acuerdo con lo señalado por académicos extranjeros como Mary Kaldor, que hablaban de "un desdibujamiento de las fronteras y distinciones" entre la violencia de tipo político y la del crimen común organizado. No obstante, los supuestos dos años de la "Operación Resplandor" pasarían sin los efectos prometidos, conduciendo al Gobierno a promesas como la de que en pocos meses los narcocultivos serían "reducidos a la mínima expresión" (*El Tiempo*, 1996, ene. 7). Arriesgados cálculos, sin duda, dadas las mismas cifras oficiales del momento: 23 de los 32 departamentos del país con un total de 60 094 hectáreas sembradas de coca, amapola o marihuana; de estos, uno solo, el Guaviare, con un sesenta por ciento del total cultivado en Colombia y un trece por ciento de la droga cultivada en el mundo. (*Semana*, 1994, dic. 20). Cifras reveladoras de los enormes y frustrados esfuerzos ya que, de los dos departamentos iniciales, se había pasado a cuatro (Guaviare, Caquetá, Putumayo, Cauca) y después a dos más, (Bolívar y Norte de Santander) sin poder reducir las cada vez más amplias siembras campesinas. Y por lo tanto las crecientes protestas rurales contra la erradicación de cultivos ilícitos pese a la creciente represión oficial hecha por la Policía, el Ejército, la Fuerza Aérea y la Armada Nacional.

Pero lo peor y cada más visible de todo esto era el hecho de que, para erradicar los cultivos ilícitos, el Gobierno estuviera llegando —dados los desplazamientos forzosos, los encarcelamientos y aun la liquidación física de los protestantes— a una erradicación de los mismos cultivadores. Algo indicativo, además, de que la expansión de los cultivos ilegales había terminado por crear un "campesinado ilícito" como nueva forma de descomposición rural. Además de una nueva y particular frontera agropecuaria desde donde familias y grupos enteros de campesinos estarían conformando republiquetas de cultivos ilícitos tal como ya estaba sucediendo en el Caquetá. En efecto y pese a su oposición inicial, en este departamento la guerrilla había autorizado los cultivos de la hoja de coca en el bajo Caguán, con la advertencia a los narcotraficantes de que solo ella podía crear y administrar las zonas de cultivo (Ferro & Uribe, 2002, p. 97). Reglamentación bajo la cual las Farc establecerían una "regulación policiva del comportamiento de los narcotraficantes y miembros de las "cocinas" de droga en el Caguán. (*Ibíd.*) Hasta pasar a una convivencia de intereses desde 1995, cuando los campesinos del Caquetá integran las marchas de los cocaleros contra la fumigación y la presencia del Ejército en la región. Tal como lo expresaría un líder y cultivador de la zona:

Cualquier ejército necesita una financiación y mantener unos hombres con armas vale mucha plata. Si ese dinero del narcotráfico no hubiera aparecido habría sido muy difícil sostener y darle alimentación a miles de hombres. Ellos (las Farc) tienen los tres renglones económicos más productivos que existen: narcotráfico, extorsión y secuestro. Yo creo que a punta de extorsión y secuestro difícilmente habrían podido llegar a los niveles de poder económico y militar que tienen en este momento. (*Ibíd.*, p. 99).

De ahí que a partir de 1991 la economía de guerra de las Farc había empezado a sustentarse en el narcotráfico, según escalas que desde el cultivo de la coca pasaría al cobro de impuestos, los laboratorios de procesamiento y los puntos de salida de la droga. Hasta llegar a formas asociativas con carteles colombianos, mexicanos y de las Autodefensas, tal como lo evidenciaría en el año 2005 la incautación de quince toneladas de cocaína dirigidas a México. Resultado este considerado "histórico" por las autoridades colombianas "no solo por el gran volumen sino porque es un golpe simultáneo a los tres ejes mafiosos (narcos, paras y Farc) que hoy convergen alrededor del negocio de las drogas". (*Semana*, 2005). Además de demostrar lo que una investigación del ministerio de Hacienda había indicado en el año 2004: que el peso del narcotráfico en los ingresos totales de la guerrilla ya era del sesenta por ciento, de los cuales comercializaba directamente un treinta por ciento mientras le vendía el setenta por ciento restante a los narcotraficantes. Una economía de guerra cuyos socios, guerrilla, autodefensas y narcotraficantes, habían logrado crear un universo común: 189 municipios con cultivos ilegales dentro de los cuales había "grupos guerrilleros en 162, paramilitares en 86 y coexistencia en 43 de ellos." (Sierra, 2004). Economía de guerra, en fin, cada vez más boyante tal como lo demostraban los siguientes hechos: a) el paso de 7800 efectivos en 1990 a 10.391 en 1994 ("Los costos económicos...", 1995) de los cuales 6966 eran de las Farc y 2.710 del ELN. (*Ibíd.*); b) un aumento de frentes armados, en el caso de las Farc, de 32 en 1986 a 65 en 1995; c) el logro de contar con 23 000 combatientes en el 2000, año de máximo crecimiento de las Farc (Amat, 2012); d) la realización de operativos como el devastador asalto y destrucción de la principal base antinarcóticos de la Policía Nacional en Miraflores, departamento del Guaviare, en agosto de 1998, ya sobre el final del Gobierno Samper. Una economía de guerra cuyas sólidas perspectivas como amenaza contra el sistema llevaría a Fernando Botero, ministro de Defensa, a dar según ley de 1993 un tratamiento especial a las Convivir, cooperativas armadas de seguridad privada, "para promover la cooperación entre propietarios y las Fuerzas Armadas con el fin de mantener el orden público". (Romero, 2003). Cooperativas que a comienzos de 1995 llegarían a un número de cuarenta con la expectativa, según el mismo ministro, de aumentarlas a quinientas a final del año y extenderlas después a las ciudades. (*El Tiempo*, 1994, abr. 3). Iniciativa esta última echada atrás en 1997 cuando la misma corte reconocería que el Estado no podía permitir la formación de grupos armados, así fuera bajo el "pretexto de complementar las tareas que en esos ámbitos les corresponde adelantar, de manera exclusiva, a las Fuerzas Militares y de Policía y a los organismos de seguridad". Reconsideraciones en todo caso enfrentadas a uno de los más sanguinarios hechos de los grupos paramilitares: la masacre del municipio de El Aro, en el departamento de Antioquia, con un saldo de 17 personas muertas, 1200 reses robadas, 42 viviendas incendiadas. La pasividad del Ejército y la Policía frente a estos hechos llevaría a la Corte Interamericana de Derechos Humanos, en 2006, a condenar al Estado colombiano por la masacre cometida.

Ya a finales del Gobierno de Samper se hacía evidente la preocupación norteamericana sobre los nexos entre algunos militares y las autodefensas. Tal como lo mostraba un informe de inteligencia al recoger conversaciones entre militares de EE.UU. y un coronel colombiano en las que se advertía la preocupación con las Convivir por ser "muy difíciles de controlar", y sostener que dentro del Ejército existía la certeza "de que terminarán convertidas en grupos paramilitares e involucradas en narcotráfico (*El Tiempo*, 2007, mar. 31). Y en el que se hacía la consideración de que el auge de la guerrilla y el paramilitarismo no podrían "ser controladas mientras

Samper siga en el poder". (*Ibíd.*). Algo ratificado por un informe de la CIA en el que se destacaba la poca voluntad del Ejército para combatir a las AUC y se denunciaba "la asistencia mutua" en una serie de operaciones que habían culminado en masacres. (*Ibíd.*).

De modo que el "Salto Social" de Samper, concebido como un plan de desarrollo que superaría las condiciones objetivas y subjetivas de violencia hasta lograr una paz consistente, había fracasado. En lugar de ello el Gobierno se vería atrapado en una red de complicidades con el narcotráfico sobre la cual la Cámara de Representantes absolvería al presidente tras un proceso lleno de complicidades con el poder ejecutivo. Una absolución de entrecasa si se tiene en cuenta que internacionalmente, tanto el presidente como el país, terminarían castigados: con la cancelación de su visa de entrada al país del norte, el primero y con la descertificación en el control sobre el narcotráfico, el segundo. Pero, sobre todo, un oscuro y complejo momento político cruzado por críticas situaciones: el "Proceso 8000" en el que se enjuiciaban figuras políticas por el uso de dineros del narcotráfico durante la campaña electoral, los complots para desviar y hundir la acción de la justicia, la deslegitimación externa e interna del presidente de la república, el asesinato de Álvaro Gómez Hurtado, entre los principales. Todo un período presidencial reducido a unas pocas, precarias y declamatorias posibilidades para salir de la crisis: anticipación de elecciones, consulta popular sobre la continuidad del mandato, reforma constitucional. Una incierta partida de cartas en la que completar los cuatro años de Gobierno ya era no perder del todo. Un Gobierno que, aun sin terminar su período, estaba doblegado por sus desaciertos: la extrema norteamericanización de su lucha antinarcóticos, el debilitamiento de la seguridad nacional, la expansión del paramilitarismo, el retroceso en materia de derechos humanos, el creciente control territorial por parte de las organizaciones ilegales, la crisis de la justicia, el notable desprestigio internacional de su mandato. Y, como si fuera poco, su particular contribución al desarrollo de la guerra interna al darle forma a un "campesinado ilícito" que ligado al cultivo de la coca, sería el primer escalón de las Farc hacia una nueva "economía de guerra" sustentada en el narcotráfico. Una economía de guerra extendida sobre una geografía en la que el blanco ya no era el poder central propio de la tradición revolucionaria, sino el progresivo usufructo de los poderes locales. Hasta el punto de que las coordenadas estratégicas de la guerrilla terminaran confundidas con las del viejo clientelismo político y social y, en algunas coyunturas, con las del narcotráfico. En conclusión, una especie de "clientelismo armado" que gracias a la manipulación de los presupuestos locales tendría sus propias burocracias locales. Tal como ha sido señalado por Alfredo Rangel en el texto siguiente:

> Gracias al clientelismo armado, las para-institucionalidades influyen en la planeación y ejecución de los presupuestos locales. Adicionalmente, en muchas municipalidades se involucran en la conformación de burocracias locales. En este campo, los armados ejercen presión sobre las autoridades para que contrate en las vacantes a sus seguidores o simpatizantes. En otros casos la influencia (se da) en el portafolio de potenciales contratistas de la localidad (favoreciendo a) quienes presenten aval del sector armado que controla el municipio. (Rangel, s.f.).

"Campesinado ilícito", "economía de guerra", "geografía de guerra", "clientelismo armado", cuatro expresiones de ilegalidad visibles a todo lo largo del Gobierno Samper. Una ilegalidad que en los términos concretos de las acciones armadas sería especialmente relevante en sus últimos dos años según las bajas de las Fuerzas Armadas: 84 en 1996, 60 en 1997, 63 en 1998. A lo anterior se sumaría la tradicional despedida de las Farc al Gobierno saliente con los "más de 100 muertos de la Fuerza Pública y otros tantos retenidos". (Leal, 2002, p. 119). Una despedida que ratificaba el fortalecimiento de una guerrilla gracias a sus logros en autonomía financiera y aumento en los controles de territorio y población. Y que remarcaba la crisis de gobernabilidad sobre la cual se acentuaba "la percepción internacional de un país tomado por el narcotráfico, con una guerra interna endémica y en serio riesgo de colapso". (Rojas, 2006).

El Gobierno siguiente, de Andrés Pastrana Arango (1998-2002), llegaría bajo la particular coyuntura de una cuantiosa participación electoral en contraste con el desgano abstencionista propio de la elección precedente. Unas elecciones enmarcadas por la "internacionalización" del conflicto interno dada la creciente preocupación externa por "los efectos de esta guerra para la estabilidad regional y la seguridad internacional". (*Ibíd.*). En todo caso la consulta pública de octubre de 1997, el "Mandato por la paz, la vida y la libertad", ya había mostrado que diez millones de votantes querían negociar con las Farc, respetar el Derecho Internacional Humanitario y excluir a los civiles de los hechos armados (en especial el secuestro y el reclutamiento de menores). (Arias, 2012). Resultado este apoyado por el Secretariado de las Farc y cuya apertura al diálogo se reforzaría con dos hechos notables: a) recibir en el campamento de la comandancia guerrillera al emisario personal de Pastrana, la víspera del escrutinio electoral; b) hacer votar por Pastrana en las regiones bajo su control hasta el punto de determinar su triunfo en varias de ellas. (Pecaut, 2000). Gestos todos estos propiciatorios de búsquedas de cierre de una confrontación armada dentro de las advertencias hechas por la Subsecretaría de Estado para el Control Internacional de Narcóticos de los Estados Unidos: "hemos sido muy claros con el Gobierno del Presidente Pastrana en cuanto a que la 'paz a cualquier precio' no es una política aceptable (...) ya que el proceso de paz no debe interferir con la cooperación de antinarcóticos" (Ortiz, 2007, p. 269). Premisa esta desde donde surgiría, en julio de 2000, el Plan Colombia como meta inmediata para reducir en un 50% los cultivos de coca en el territorio nacional. Y a partir de la cual el Gobierno nacional recibiría durante dos años una ayuda económica que, por sí sola, representaba un 65,2% del total de dólares otorgados a la América Latina.

En todo caso Pastrana tendría que enfrentar unas Farc fortalecidas económica y militarmente gracias a crecimientos como los siguientes: a) un aumento de 48 frentes de combate entre la Séptima Conferencia de 1982 y la Octava Conferencia de 1993; b) una suma de efectivos que, de 6800 unidades en esta última conferencia, alcanzaría en 2002, al finalizar el Gobierno de Pastrana, la cifra de 16 900 hombres armados distribuidos en 67 frentes en todo el país y respaldados por veinte mil milicianos en las cabeceras municipales. (*Cambio*, 2007, nov. 29). Fortaleza militar acompañada de desarrollos económicos en minería, ganadería y agricultura, primero, seguida por rentas del narcotráfico después, hasta lograr "la creación de empresas propias, la adquisición de acciones empresariales y hasta la compra de CDT", tal como lo señalaría un informe del ministerio de Agricultura. (*El Espectador*, 2012, oct. 7). Toda una economía de guerra en la que destacaban tanto los cultivos ilícitos y los impuestos cobrados por cuidar laboratorios, como los permisos para la salida de droga desde sus zonas de control. (*Ibíd*.). Logros representativos de lo que serían los pasos iniciales "de la tradicional guerra de guerrillas, con unidades pequeñas, al empleo de unidades numerosas propias de la guerra regular." (Leal, 2002, p. 166). Una economía de guerra, en fin, que bajo Pastrana alcanzaría dos importantes avances: a) la apropiación de tierras destinadas a formar una retaguardia económica, militar y política; b) un notable crecimiento económico - militar apoyado cada vez más en el cultivo y el tráfico de drogas.

Esa sería, en consecuencia, la "zona de distención" de 42 000 kilómetros cuadrados desmilitarizada por el Gobierno sobre dos departamentos, el Meta y Caquetá. Una zona dentro de la cual la guerrilla alcanzaría a crear una descomunal y extravagante "República Independiente de Caquetania", dirigida por el comandante Jorge Briceño Suarez, alias Mono Jojoy, para afianzar el "trabajo político y la organización de masas." (*El Tiempo*, 2012, jun. 12). Una republiqueta de 56 000 hectáreas en los departamentos del Meta, Caquetá y Guaviare para el cuidado de ganado y cultivos (*Ibíd.*) que comunicada con la selva, el llano y el centro del país era, según el comandante guerrillero: "de gran proyección estratégica para el trabajo político y la organización de masas". (*Ibíd.*). Y que once años después, ya bajo el Gobierno de Juan Manuel Santos, sería puesta como ejemplo estatal de "recuperación de unos predios que todavía están al servicio de la guerrilla." (*El Tiempo*, 2013, feb. 20, "Comienza...""). De ahí que, en consecuencia, la "zona de distensión" terminara siendo para la guerrilla una parte más de esa economía de guerra nutrida por la siembra de cultivos ilícitos, el abrigo de laboratorios y el tránsito de la coca hacia los puntos de embarque. Algo ratificado por el hecho de que, en diciembre de 1998, al comienzo del proceso de paz, existían en la zona 6300 hectáreas de cultivos de coca que al final del despeje aumentarían a 16 000 hectáreas. (*Cambio*, 2002, mar. 11). Además de las nuevas tareas de traslado y embarque de la droga en el océano Pacífico, tal como lo decía el zar antidrogas de Estados Unidos, general Barry McCaffrey: "hemos recogido a tripulantes de las Farc en el mar. Esta es una indicación de cómo están involucradas las Farc en el tráfico de drogas". (*Semana*, 2000, dic. 11).

En cuanto al paramilitarismo, es de subrayar el hecho de que sus antecedentes se remontaban, como fue señalado, a los Gobiernos de Guillermo León Valencia y Carlos Lleras Restrepo, cuando el concepto de autodefensa aparecía ligado a la seguridad pública. Hasta mostrarse bajo formas concretas en 1981, período de Turbay Ayala, con el MAS (Muerte a Secuestradores) organización conformada en el Magdalena Medio por los narcotraficantes con el auspicio de militares y propietarios rurales afectados por el secuestro y la extorsión. Así sería revelado por una investigación de la Procuraduría al mostrar cómo, de 163 individuos pertenecientes al MAS, 59 eran oficiales de la Policía y del Ejército. (Jiménez Gómez, 1986). Un año después, y ya bajo el Gobierno de Belisario Betancur, aparecería ACDEGAM (Asociación Campesina de Ganaderos y Agricultores del Magdalena Medio), cuya primera reunión de cerca de doscientos cincuenta empresarios debió hacerse en la ciudad de Medellín porque el setenta por ciento de ellos "no podía regresar a sus fincas por razones de seguridad". (Aranguren, 2001, p. 96). Un evento apreciado por el jefe paramilitar Carlos Castaño en los siguientes términos: "las Farc nunca se imaginaron que esta agremiación de damnificados de la guerrilla se convertiría en el cimiento de las Autodefensas. De calcularlo nos habrían aplastado". (*Ibíd.*). Así que ACDEGAM, ya en 1988, había asesinado a doscientos activistas populares hasta expulsar a la guerrilla de Puerto Boyacá, con lo cual lograría lo que era visto "como el cambio de adhesiones más drástico que se haya presentado en una región colombiana, con un resultado neto en la conversión del municipio de Puerto Boyacá y su área de influencia en un bastión anticomunista." (Cubides, 1999).

Una "república independiente paramilitar" (*Semana*, 1989, abr. 11) ni más ni menos, bajo la cual capos del narcotráfico, contrabandistas de armas y traficantes de esmeraldas, levantaron sus santuarios de seguridad hasta hacer de la región la primera republiqueta narcotraficante y antiguerrillera. Particular y compleja simbiosis de un fenómeno que desde los profundos déficits de seguridad pública regional, le daría vida a un enorme aparato de delincuencia cercano a los cinco mil hombres en armas a mediados de 1987, según estimaciones del DAS. Grupos armados que a partir de su lucha contra la guerrilla perfeccionarían su capacidad militar mediante la importación de instructores británicos e israelíes para impartir entrenamiento en tácticas terroristas, hasta alcanzar un poder reconocido por la guerrilla si se tiene en cuenta la demanda hecha por el jefe máximo de las Farc al presidente Pastrana, a comienzos de la zona de distención, en el sentido de acabar con el paramilitarismo. Una petición reveladora del creciente peso de unas Autodefensas que, fundadas un año antes, se auto-describían en boca de uno de sus ideólogos como "una fuerza independiente que tenía un norte político y capacidad de fuego en la guerra." (Aranguren, 2001, p. 201). Norte político y capacidad de fuego que por el hecho de ser ocasionalmente compartidos con las Fuerzas Armadas estatales tal como había ocurrido con la "pacificación" de Urabá, le preocupaban cada vez más a la guerrilla. Preocupaciones aumentadas por el maquillaje político-reformista de las AUC cuya plataforma ideológica hablaba de reformas agraria y urbana, políticas de hidrocarburos y de medio ambiente, reestructuración de las Fuerzas Armadas, Derecho Internacional Humanitario. (*Cambio*, 1999, may. 17). Un paramilitarismo contrainsurgente cuya ideología reivindicaba tareas políticas con objetivos y tonos propios de la clase dirigente colombiana. Y que en conjunto se fortalecían cada vez más, tal como lo señalaba el periódico *El Tiempo* en uno de sus editoriales:

> Los paramilitares de Carlos Castaño se han ido constituyendo en un poderoso ejército irregular detrás del cual hay un proyecto político con cuadros, base social, financiación asegurada y aspiraciones territoriales. (…) Las evidencias de que los paramilitares o autodefensas como ellas prefieren llamarse, han pasado de una etapa militar a una más política y territorial son cada vez más claras. Basta analizar el impresionante crecimiento de su pie de fuerza. (*El Tiempo*, 2001, ene. 19).

Crecimiento continuo que ya en 1996 le permitiría a Carlos Castaño decir desde Urabá que el país podía dividirse en dos territorios: "el sur con la guerrilla y el *Estado del Norte* sin guerrilla". Desafiantes palabras subrayadas por una serie de masacres iniciadas en julio de 1997 con el exterminio de cincuenta personas en Mapiripán y, en mayo de 1998, con la de Caño Jabón en donde asesinaron a veinte personas e incendiaron el pueblo. Masacres como precedente inmediato de las Autodefensas Unidas de Colombia, AUC, federación de organizaciones regionales progresivamente ampliada con el sur de Bolívar a fines de 1998, Catatumbo y sur del Valle del Cauca en 1999, Cauca y Nariño en el año 2000, Arauca en 2001. Y que ya en este último año tendrían presencia visible en más del 25% de los municipios del país, según un aumento apenas contenido por las acciones gubernamentales, "muy por debajo de una verdadera ofensiva contra estos grupos, lo que en parte brindó los espacios para el crecimiento de esta organización (Garzón, 2005), según algunos analistas. Crecimiento y resonancia evidenciados por la reunión de noviembre de 2001 en una finca a la que habían asistido cerca de trescientas personas entre autodefensas y políticos. Y en la que después de proponerse una lista única para el Congreso se optaría por listas regionales en varios departamentos del país. (*Semana*, 2009, may. 11).

De modo que las declaraciones de combate al paramilitarismo por parte del Gobierno terminaron siendo un formal gesto de Pastrana a las Farc al no representar "un cambio drástico en las acciones del Estado contra los grupos de autodefensa". (*Ibíd.*). Y no afectaban los hegemónicos planes de Castaño sobre los territorios de coca, de acuerdo con lo expresado de modo claro por el mismo comandante:

Actualmente ejercemos control y cobramos impuesto en quince mil hectáreas de coca en el Putumayo, antes de las Farc y obtenidas en combate. También dominamos en el sur de Bolívar, donde antes lo hacía el ELN. Ahora controlamos cerca de veinte mil hectáreas sembradas por la subversión. En la zona del Catatumbo existen más de treinta mil hectáreas de cultivos ilícitos, la mitad controladas por las Farc y la otra mitad por las Autodefensas. (Aranguren, 2001, pp. 208, 209).

Controles estos consolidados además por la creciente penetración de las autodefensas en el aparato burocrático estatal, tal como se estaba dando desde 1999 en "la contratación estatal en Sucre, Bolívar y Córdoba" (*El Tiempo*, 2013, feb. 5). Hasta el punto de permitirse proponer un "proyecto de reconstrucción nacional" con once puntos de los cuales destacamos dos de ellos. El modelo económico, un proyecto de desarrollo con "fuerte intervención social del Estado" y un proteccionismo que no se pusiera "de espaldas a la globalización". El modelo de reforma agraria, una "modificación sustancial del régimen de propiedad, tenencia y administración de la tierra" orientado a "generar un proceso de desprendimiento y solidaridad nacional." (*Cambio*, 1999, may. 17).

Así sería como el complejo cruce de estrategias e intenciones superpuestas entre los varios protagonistas terminaría por echar abajo la credibilidad pública sobre el proceso de paz del presidente Pastrana. Y por deslegitimar el gran experimento de la zona desmilitarizada, ZDM, o de despeje, al ser vista como un santuario de los insurgentes: "un sitio para descansar y entrenarse, cultivar y procesar coca y almacenar bienes robados como vehículos, maquinaria pesada y ganado. O peor aún, para mantener víctimas del secuestro." (ICG, 2002, p. 24). Un proceso de paz carente de credibilidad pública tanto por la debilidad del Gobierno como por la creciente prepotencia de las Farc. Tal como se había hecho visible en el programa televisivo transmitido desde la zona de distensión el 14 de febrero de 2002, en el cual la guerrilla se había permitido cuestionar la legitimidad del Estado, justificar sus acciones armadas, denunciar la pobreza y la injusticia social, pronunciarse contra el paramilitarismo, amenazar al Ejército si intentaba derrotarla. (*Ibíd.*, p. 29). Desafiante preludio este de lo que haría seis días después: el secuestro de un avión con el fin de tomar preso al senador y presidente de la Comisión de Paz del Senado, Eduardo Gechem. Y ponerle punto final al proceso de paz, el 20 de febrero de 2002.

Un fin de la paz como preludio inmediato, en términos de opinión pública, del inmediato ascenso de la línea dura en una encuesta preelectoral favorable a Álvaro Uribe con un 59,9% sobre sus dos inmediatos seguidores que solo registraban un 24% y un 5,1%. Coyuntura ésta en la que volvían a sobresalir las visiones sobre el carácter delincuencial común de la guerrilla, su carácter terrorista y sus vínculos con la droga, tal como lo había denunciado el embajador norteamericano Curtis Kamman, en 1999. Y como lo había expresado el Consejo de la Unión Europea a comienzos de 2000 al afirmar, por boca de su Secretario General, que las Farc no eran fuerza beligerante dada la inexistencia en el país de una guerra civil que enfrentara a dos partes de su población. (*Semana*, 2000, ene. 17). Un fin de paz del cual quedaba la trastienda donde se habían adelantado negociaciones con el ELN iniciadas en Caracas, en 1999, y trasladadas al departamento de Bolívar donde fueron frustradas tanto por los paramilitares como por los pobladores que "bloquearon carreteras, realizaron marchas y en general establecieron un ambiente de hostilidad y total rechazo a la medida". (Coyuntura…, 2005). Con la consecuencia de exportar el diálogo a Cuba donde los buenos oficios de Fidel Castro y el ambiente del apacible barrio de El Vedado de la Habana, lo hicieron posible. Hasta los finales del mandato de Pastrana, cuando se estuvo a punto de firmar un acuerdo desestimado por el nuevo Gobierno de Uribe poco inclinado a recibir ese tipo de encomiendas. Y cuya "mano dura" le había permitido hacerse dueño de la "casi totalidad del electorado azul, más de la mitad del liberal, y la mayoría del independiente." (Gutiérrez Sanín, 2006).

¿Cuál había sido, entonces, el legado de paz dejado por Pastrana? Inquietante pregunta a un mandato que después de su crucial experimento de la zona de distención había dejado al país sumido en la tradicional disyuntiva de paz o guerra propia de los gobiernos anteriores. Y una paz de la cual solo quedaban los depredadores pasos de la guerrilla tal como lo mostraría el mismo Pastrana al exhibir, en su discurso de final del despeje, fotografías aéreas sobre pistas de aterrizaje, un centro de detención y varias plantaciones de coca dentro de la zona desmilitarizada. Hechos que una década después, en 2013, revivirían en un fallo del Consejo de Estado en el que, a partir del robo de ganado a un finquero de la zona de despeje, se condenaba a la Presidencia por poner "en marcha su política de paz sin proteger a los habitantes". Segunda condena, ya que un mes antes el mismo tribunal había emitido otra sentencia en la que se le ordenaba al Estado reparar a la familia del ganadero Ismael Díaz Gaitán por su asesinato y el robo de 3282 reses. (*El Tiempo*, 2013, jul. 16). Un legado de paz, en fin, en el que lo sobresaliente terminaría siendo su ruptura, la liquidación de la zona desmilitarizada, la persecución de los guerrilleros y el hecho de que "todos los candidatos presidenciales, la Iglesia católica y personalidades de todos los campos políticos y sociales cerraran filas en torno al Gobierno." (ICG, 2002, p. 30). Cierre de filas completado por las expresiones de solidaridad del exterior: UE, ONU, OEA, Estados Unidos y Mercosur, más todos los países vecinos. Todo ello dentro del especial contexto internacional del atentado a las Torres Gemelas del 11 de septiembre y bajo el cual las Farc recibirían de Estados Unidos el calificativo de "el grupo terrorista más peligroso del hemisferio". (Ortiz, 2007, p. 275). Hasta el punto de que el Estado colombiano le pusiera precio a las cabezas del Secretariado de las Farc y lograra que "la Unión Europea la incluyera en su propia lista de organizaciones terroristas." (*Ibíd.*)

EL ENCANTAMIENTO URIBISTA

Álvaro Uribe Vélez (2002-2006) recibiría, junto al apreciable don del amplio descrédito de la guerrilla, el inobjetable fracaso de las políticas de negociación impulsadas por el Gobierno precedente. A lo cual habría que agregar la absoluta y criminal torpeza de las Farc al reincidir en sus sangrientos saludos a los nuevos gobiernos, esta vez con el resultado de 21 personas muertas y 59 heridas en un ataque con morteros a la Casa de Nariño. Una acción respondida y respaldada por la opinión pública con una severa ofensiva militar como punto de partida del nuevo tratamiento a la subversión. Y que como nuevo concepto defensivo impulsaría el nombre de "política de seguridad democrática", portadora de las siguientes iniciativas: a) declaratoria del "estado de conmoción interior"; b) aprobación de un estatuto antiterrorista que le confería facultades de policía judicial a las Fuerzas Militares; c) modernización y profesionalización de las Fuerzas Armadas; d) creación de un impuesto para la seguridad pública; e) reforzamiento del Ejército con soldados campesinos fijados a sus zonas de origen; f) reforzamiento de la inteligencia nacional con redes de informantes y recompensas por información.

Así que, desde una perspectiva opuesta a la del Gobierno anterior en la que se buscaba someter a la guerrilla por la vía de la negociación, Uribe trataría de domeñarla a través de la misma guerra. Algo consentido por la opinión pública si se tiene en cuenta que a fines del primer año de Gobierno,

> el 71% de los encuestados apoyaba la política del presidente, en particular su mano dura contra los grupos armados. Y el ejército es reconocido como la institución con más prestigio. Como lo expresó el anterior Defensor del Pueblo, Eduardo Cifuentes, "todo se ha vestido de verde oliva". (*Ibíd.*).

Una mano dura asentada sin vacilaciones desde el primer año de Gobierno: 8900 subversivos y 3908 paramilitares capturados; 2634 guerrilleros y 435 paramilitares dados de baja; 4310 desmovilizados de los distintos grupos al margen de la ley.[8] Y que ya a mediados de 2003 le permitiría al presidente decir lo siguiente ante la Corte Interamericana de Derechos Humanos reunida en Costa Rica :

> "no reconozco en los grupos violentos de Colombia, ni a la guerrilla ni a los paramilitares, la condición de combatientes; mi Gobierno los señala como terroristas (…) lo digo por los métodos de estos grupos (…) lo digo por sus resultados y por sus recursos." (Gaviria, 2005, p. 46).

Planteamiento reforzado en un discurso del 31 de enero de 2005 al negar la existencia de un conflicto armado en Colombia. Y que en términos prácticos el ministerio de Defensa había exhibido el año anterior con las siguientes cifras: 498 paramilitares muertos en combate, un 89% más que en el año anterior, y 4151 capturas, muchas más que en los dos años anteriores. Hechos que irían modificando la opinión pública según encuestas de "Galup Colombia"

---

8. Datos proporcionados por Ricardo Correa, secretario general de la Andi 2002-2005.

en las que se destacaba un 70% de entrevistados opinando que las Fuerzas Militares podían derrotar a la guerrilla. Muy distinta a la de los comienzos del Gobierno de Pastrana cuando "solo un 34% de los entrevistados pensaba lo mismo". (*Cambio*, 2004, jun. 14). Una perspectiva ésta en la que el incremento del conflicto se veía ya "como consecuencia de los combates y operaciones militares emprendidos por la Fuerza Pública y no como consecuencia de las acciones por iniciativa de las guerrillas". (*Ibíd.*). A todo lo cual se agregaba un aumento de la fuerza pública cuya cobertura sobre 85 municipios en 2003, había pasado al doble en 2004.

Así que, de la frustrada política de paz de Pastrana, se pasaría a una progresiva política de guerra durante los dos cuatrienios de Uribe. De guerra pero además de convergencia ciudadana alrededor de un orden público que, como el de "Seguridad Democrática", era claramente opuesto al sentimiento de indefensión ciudadana dejado por el Gobierno anterior. Algo cercano a esa "Estrategia Nacional contra la Violencia" de César Gaviria como proyecto estatal para recuperar "la capacidad de la justicia para sancionar el delito, combatir la impunidad y ampliar el cubrimiento institucional del Estado en todo el territorio nacional". (Ortiz, 2007, p. 257). Dos estrategias coincidentes en la invocación de la seguridad ciudadana como soporte para sacar adelante los proyectos colectivos de sus Gobiernos: la *Seguridad para la gente* de Gaviria, la *Política de seguridad democrática* de Uribe. En el caso del primero como "seguridad pública" en el sentido tradicional de que tanto su fundamentación como su ejercicio dependían estricta y visiblemente del ejecutivo central. En el caso del segundo como "seguridad pública" bajo la corresponsabilidad del Estado y la sociedad civil en un gran proyecto de seguridad democrática. Un proyecto, el de Uribe, desplegado en su campaña electoral a través del "Manifiesto Democrático" de cien considerandos, siete de los cuales apuntaban al conflicto armado:

26: "Colombia sin guerrilla y sin paramilitares. La autoridad legítima del Estado (...) es garantía de la seguridad ciudadana durante el conflicto y después de alcanzar la paz"; 27: "La seguridad será democrática. Para proteger a todos, al trabajador, al empresario, al campesino, al sindicalista, al periodista, al maestro, frente a cualquier agresor"; 28: "Con más policías y soldados, nuestra Fuerza Pública sufrirá menos bajas, será más respetada y el pueblo vivirá más tranquilo"; 31: "Un país sin droga. Apoyar y mejorar el Plan Colombia. Que incluya interceptación aérea para que no salgan aviones con coca y regresen con armas. Pediré la extensión del Plan para evitar el terrorismo, el secuestro, las masacres, las tomas de municipios. Necesitamos nuevas formas de cooperación internacional contra la violencia. Demandamos la cooperación internacional porque este conflicto se financia con el narcotráfico, negocio criminal internacional, y se apoya en armas fabricadas afuera"; 33: "Necesitamos un estatuto antiterrorista que facilite la detención, la captura, el allanamiento"; 38: "Todos apoyaremos a la Fuerza Pública, básicamente con información. Empezaremos con un millón de ciudadanos. Sin paramilitarismo. Con frentes locales de seguridad en los barrios y el comercio. Redes de vigilantes en carreteras y campos. Todos coordinados por la Fuerza Pública que, con esta ayuda, será más eficaz y totalmente transparente; 41: "Pediré mediación internacional para buscar el diálogo con los grupos violentos, siempre que empiece con abandono del terrorismo y cese de hostilidades. Para el desarme y la desmovilización puede haber todo el plazo que se requiera".

Siete puntos que ya, a mediados de 2003, harían parte definitiva de la Política de Defensa y Seguridad Democrática, esta última también expuesta a lo largo de cuatro secciones:

Apuntalar la defensa de los derechos humanos, la transparencia y la juridicidad.

Denunciar las amenazas que contra "las instituciones democráticas y la vida de los colombianos" representan el terrorismo, las drogas, el tráfico de armas, el secuestro, la extorsión y el homicidio.

Defender los objetivos estratégicos del Estado en tres aspectos principales: 1. Consolidación del control estatal sobre el territorios nacional; 2. Protección de la población; 3. Eliminación del comercio del comercio de drogas ilícitas.

Desarrollar cuatro líneas de acción principales: a) Fortalecer las instituciones del Estado relacionadas con la seguridad; b) Consolidar el control del territorio nacional; c) Proteger a los ciudadanos y la infraestructura de la nación. d) Velar por la financiación pública.

Metas que evaluadas críticamente por algunos empresarios y organizaciones opositoras le harían al Gobierno una recomendación: la negociación política era la vía más pertinente para el manejo del conflicto nacional. Y cuya respuesta gubernamental sería la puesta en acción, a fines de 2004, del Plan Patriota como fuerza militar de quince mil hombres encargada de abatir la retaguardia estratégica del Secretariado de las Farc en el sur del país. Una gran ofensiva desplegada sobre los setenta mil kilómetros cuadrados en los que se movían los bloques Sur y Oriental de la guerrilla como muralla protectora del Secretariado de las Farc. Y cuyos exitosos resultados alentarían su extensión a los departamentos de Antioquia, Meta, Santander, Cesar, Caquetá y Magdalena. (Echandía & Bechara, 2006, mayo-agosto). Algo nuevo e impactante desde una Fuerza Pública que bajo el cuatrienio de Pastrana apenas había logrado defenderse de la guerrilla.

En todo caso la respuesta de Uribe no dejaba de evocar esa vieja doctrina de seguridad nacional bajo la cual el país se había defendido de un "enemigo interior". Enemigo que Uribe definía como un "riesgo para la nación, las instituciones democráticas y la vida de los colombianos". Y cuyo tipo de amenazas configuraban un mortal listado: 1) negocio de drogas ilícitas; 2) tráfico de armas, municiones y explosivos; 3) secuestro y extorsión; 4) homicidio; 5) terrorismo. Este último acentuado por Uribe desde una visión global en la que la guerrilla afectaba los vínculos de Colombia con Europa y Estados Unidos dado su carácter de tráfico de armas, drogas, dinero y lavado de activos. Tal como ya lo había mostrado en 2003 la Unidad de Información y Análisis Financiero del ministerio de Hacienda con el dato de que las Farc habían obtenido, en ese año, 37 000 millones de pesos gracias al narcotráfico. Pero, en fin, si el nuevo Gobierno era tan claro y explícito en cómo hacer la guerra ¿qué estaba pensando en cuanto a hacer la paz? Lo usual hasta entonces había sido que junto al progresivo desarrollo de la contienda armada no dejaran de hacerse presentes unas consecutivas demandas y propuestas de paz por parte de los contrincantes. Así se habían dado los procesos de paz según las específicas circunstancias de cada Gobierno, el talante político de cada mandatario y los cambiantes cálculos de la guerrilla. Y cuyas particularidades no dejaron de marcar el éxito y el fracaso de cada momento tal como había ocurrido con Pastrana que, acusado de bloquear las iniciativas anti-guerrilla del Ejército, se defendería doce años después de la manera siguiente:

> por confiar en el Comandante del Ejército, que tenía la obligación y la orden de sitiar la Zona de Distención (…) La orden por escrito que le di a él fue: nadie entra y nadie sale. Si hubo actos ilegales en la zona de distensión fue porque el Comandante del Ejército incumplió esa orden que yo le di. (*El Tiempo*, 2012, dic. 26).

Extraño argumento defensivo dado que los delitos de las Farc *dentro* de la Zona de Despeje se habían cometido bajo la inmunidad territorial concedida de forma exclusiva desde la Presidencia de la República. En todo caso, una de las más visibles diferencias entre Pastrana y Uribe sería la de sus relaciones con las Fuerzas Armadas. Algo destacado desde el comienzo por Uribe, siempre interesado en fortalecerlas bajo iniciativas, a la postre frustradas, de darles funciones de policía judicial en zonas de difícil acceso para la Fiscalía. Pero a ojos vistas logradas en casos como el del Plan Patriota, punta de lanza de la estrategia militar contra la nueva retaguardia guerrillera establecida en el sur del país. Un Plan Patriota favorecido además desde el Plan Colombia gracias a George Bush al abrirle los recursos antinarcóticos a la lucha contra el terrorismo y, por consiguiente, contra la guerrilla. Y cuya operación de veinte meses sobre los departamentos de Caquetá, Meta y Guaviare, daría resultados como los siguientes: destrucción de 906 campamentos y caletas; decomiso de más de un millón de municiones y 1500 armas de corto y largo alcance; muerte de 442 guerrilleros. (Echandía & Bechara, 2006). Aun cuando la guerrilla no dejaría de responder como en efecto lo hizo a finales de 2005 con las 28 bajas provocadas al Ejército en el Meta, más los ataques en Putumayo y Chocó con una presencia de ochocientos guerrilleros y un saldo de ocho policías muertos y 35 desaparecidos. (*El Tiempo*, 2005, dic. 19).

Así que ya desde mediados de su primer período, la estrategia de Uribe mostraría unos puntuales planteamientos que en el caso de la guerrilla no eran otros que su liquidación, sustentada en el argumento de que las Farc no podían ampararse políticamente bajo un supuesto "conflicto armado interno", ya que este era inexistente para el Gobierno. Con lo cual desaparecían las coyunturas sociales, económicas y políticas del país que acreditaban a "una fuerza insurgente o disidente a convertirse en partido político en armas". (Gaviria, 2005a). No obstante todo esto y frente a la necesidad de asegurar la aprobación del proyecto de reelección presidencial, el Uribe liquidacionista de las Farc no dejaría de mostrar su talante politiquero. De ahí esa carta de fines de 2004 en la que le propondría a la guerrilla liberar, "de acuerdo con las leyes colombianas y de manera unilateral, 50 guerrilleros procesados o condenados por rebelión a cambio de que la guerrilla libere a los secuestrados políticos y a los miembros de la Fuerza Pública en su poder." (*Semana*, 2004, nov. 1).

Un talante político capaz de hacerles a las Farc propuestas como las siguientes: a) una zona de encuentro, con observadores de Francia, España y Suiza, para definir un acuerdo humanitario previo a un proceso de paz; b) una Asamblea Constituyente como punto final de un eventual acuerdo entre las partes. Ambas rechazadas por las Farc bajo la despectiva consideración de que eran meras tácticas reeleccionistas del presidente. Un rechazo complementado además con una de sus usuales acciones bélicas de final de Gobierno: un paro armado visible en doce de los treinta y dos departamentos del país. Algo sin duda notable como contracara de las publicitadas campañas gubernamentales que nutrían la campaña reeleccionista.

En cuanto a las Autodefensas, ya desde los primeros desempeños públicos de Uribe en el departamento de Antioquia se había hecho visible una particular simbiosis política entre este y aquellas. Algo sin duda presente desde la primera campaña presidencial en la que mientras Uribe recibía en silencio importantes apoyos de las AUC, estas acogían sus pronunciamientos sobre la posibilidad de "asimilarlas" al sistema legal de la república. Tal como en efecto lo hizo en 2003 con el Acuerdo de Santa Fe de Ralito bajo el cual las AUC se comprometieron a "desmovilizar a la totalidad de sus miembros" en 2005, un hecho lleno de dudas para la opinión pública, tal como lo expresaba la revista *Semana*:

¿Quiénes son hoy "los paras"? ¿Sabe el Gobierno a quién se enfrenta en la mesa? ¿Son las AUC un puñado de hombres que se armaron cansados de que el Estado no los protegiera del acoso de la guerrilla? ¿Son capos de la droga con traje de camuflado y ejércitos privados que quieren evitar ser extraditados y no pagar cárcel? ¿Son acaso simples delincuentes con aparatos militares que han visto una oportunidad para lavar dineros mal habidos? O, ¿son acaso todas las anteriores? (*Semana*, 2004, jun. 14).

Inquietudes e incertidumbres alrededor de una mesa de negociaciones vista como un complicado intercambio con unos individuos que mostraban "algo de autodefensas, algo de narcos y algo de delincuentes". (*Ibíd.*). Pero, sobre todo, un "algo" de narcotraficantes tan claro que varios desmovilizados, algunos jefes entre ellos, se pasarían al negocio de la droga. Lo cierto es que el proyecto de paz con las AUC se sustentaba en un hecho de gran importancia: la compartida enemistad de dos contradictores (Uribe - Autodefensas) con la guerrilla como enemigo común. Lo que sin duda contribuía a la fluidez de un proceso en el que se sucedían hechos como los siguientes: cese de fuego unilateral solicitado por Uribe a las AUC en diciembre de 2002; apertura oficial de los diálogos de paz en Santa Fe de Ralito, Córdoba, en julio de 2003; desmovilizaciones a partir de noviembre de 2003. Y unas desmovilizaciones que pese a algunas suspicacias alcanzarían la cifra de 24 000 hombres en Urabá, Catatumbo, Cundinamarca, Magdalena, Córdoba y Antioquia. Seguidas después por las entregas de Sucre, Cesar, Bolívar, Cauca, Meta, Casanare, Caquetá, Putumayo, todas ellas presentadas en el año 2005 ante la Comisión de Derechos Humanos de las Naciones Unidas. Un tangible resultado tal como lo mostraba el inventario siguiente:

Desde agosto del 2002 al día de hoy han sido capturados 9.864 paramilitares; dados de baja 1.125 y desmovilizados más de 7.000, de los cuales 4.820 hacen parte de nueve estructuras de las AUC desmontadas como resultado de las negociaciones en

Ralito y una más corresponde a las autodefensas campesinas de Ortega (Cauca). (*El Tiempo*, 2005, may. 12).

Y complementada con la Ley de Justicia y Paz de 2005, cuestionada por algunas ONG de Derechos Humanos por rebajas de penas e indultos que, según los editorialistas del *New York Times,* la habían convertido en una "ley de impunidad para asesinos, terroristas y grandes traficantes de cocaína". (Ortiz, 2007, p. 285).

Así que esta negociación no dejaría de ser obstaculizada por las Farc tal como lo mostraría su masacre de 34 raspachines de hoja de coca que, como consecuencia de la entrega de cultivos por los paramilitares, habían entrado en indefensión. Un suceso cuyo grave impacto llevaría a uno de los políticos cercanos al presidente de la República, el senador Rafael Pardo Rueda, a solicitarle al Gobierno la suspensión de las desmovilizaciones. (Pardo, 2004a). Y a Sergio Caramagna, jefe de la misión de la OEA adjunto al proceso de paz con las autodefensas, a pronunciarse airadamente contra la falta de medidas gubernamentales para proteger a los desmovilizados. No obstante los acuerdos de Santa Fe de Ralito I y II seguirían adelante hasta el punto de lograr, en un plazo por vencer el 31 de diciembre de 2005, los siguientes convenios: cese de hostilidades, desvinculación de las AUC del narcotráfico, desmonte de su aparato militar y reinserción de sus combatientes. Acuerdos apoyados por importantes sectores como el de los ganaderos del Bajo Cauca y Fedegán, cuyo presidente José Félix Lafaurie se sentiría obligado a declarar, siete años después, que su gremio había apoyado el proceso "con los paramilitares (tal como) la mayoría de los empresarios del campo así lo habían hecho". (Valencia, 2012, abr. 9). Tal como lo diría también por la misma época Raúl Hasbún, destacado empresario bananero sometido a la justicia:

Yo no quiero que metan preso a nadie, yo lo único que quiero es que Colombia y el mundo sepan que no fuimos cuatro o diez tipos los que armamos el despelote y que somos unos asesinos (…) porque no puede haber un ganadero, un bananero, en áreas rurales que no haya tenido vínculos con las autodefensas. (*Ibíd.*)

Declaraciones que dejaban al descubierto en Urabá una para-economía bananera con por lo menos cuatro mil empresarios vinculados. Y desde la cual, bajo la gobernación de Uribe en Antioquia (1995-1997), se le había dado vida a las Convivir, organizaciones que en septiembre de 2013 llevarían al Tribunal Superior de Medellín a investigar al expresidente por la "promoción, organización y apoyo a grupos paramilitares y asociaciones Convivir ligadas a ellos directamente, por acción y omisión y concertarse con ellos, no sólo como gobernador de Antioquia sino después como presidente." (*El Espectador*, 2013, sep. 8).

De tal modo que la fuerza acumulada hasta entonces por el paramilitarismo había dejado un importante legado: 49 frentes bélicos en 26 de los 32 departamentos y presencia armada en 328 de los 1.098 municipios del país. Significativa herencia sobre la que la Ley de Justicia y Paz, primer estatuto de justicia transicional en la historia colombiana, empezaría a actuar. Ley que permitiría desmovilizar a 24 000 paramilitares sobre los 29 000 contabilizados a comienzos del primer cuatrienio de Uribe y que les había dado a las Autodefensas el reconocimiento de sujetos de negociación en los términos expresados por uno de sus ideólogos:

Al conformarse las AUC el 18 de abril de 1997, se probó que esta organización no la conformaban unos paramilitares inventados por el Estado, sino una fuerza independiente. Tolerada, es otra cosa. Se demostró que las Autodefensas tenían un norte político y capacidad de fuego en la guerra. (Aranguren, 2001, p. 201).

A partir de todo lo anterior las AUC habían ido configurando un "norte político" rechazado de plano por la Corte Suprema de Justicia para la cual el paramilitarismo era un delito común y no político, como se le reconocía a la guerrilla. De allí se deducía que los paramilitares no actuaban contra el Estado sino en complicidad con él, tal como lo acreditaban algunas de sus masacres y crímenes hechos bajo la protección de miembros del Ejército y la Policía. Visión que opondría a la Alta Justicia con el Alto Gobierno en términos agravados por el hecho de que poco antes del plazo oficial para la desmovilización de las autodefensas, a fines de 2005, empezaría a surgir en ocho departamentos del país una nueva prole de paramilitares. Una compleja mezcla de desmovilizados que habían vuelto a tomar las armas, de mandos medios que no las habían depuesto aún, de jefes reinsertados que seguían ejerciendo poder sobre la nueva delincuencia. Y que serían el precedente inmediato de las nuevas bandas criminales, Bacrim, que ya a finales del Gobierno de Uribe tendrían influencia en 159 municipios de 18 departamentos del país. (*El Tiempo*, 2010, jul. 9). Una grave situación cuyo alcance real trataría de ser disminuido por la propaganda oficial interesada en mostrar el logro de nuevo orden público gracias a la desmovilización de las autodefensas.

EL DESENLACE

El acceso de Uribe a un segundo mandato (2006-2010) se había logrado gracias a una reforma constitucional que hizo exequible la reelección presidencial inmediata. Un segundo mandato precedido desde mediados de 2005 por la aprobación en el Congreso de la Ley de Justicia y Paz, una jurisdicción especial encargada de tratar el cese de hostilidades mediante una particular combinación de verdad, justicia y reparación, justificada por el Estado desde dos razonamientos principales: 1) darle cumplimiento al punto 26 del "Manifiesto democrático" en el que Uribe prometía una "Colombia sin guerrilla y sin paramilitares"; 2) garantizar que las antiguas zonas de influencia de las AUC no iban a ser absorbidas por la subversión. Ley revisada y aprobada en mayo de 2006 por la Corte Constitucional, con lo cual el Gobierno buscaría el logro de dos objetivos: a) alcanzar "un mejor equilibrio entre los beneficios concedidos a los ex combatientes"; c) asegurarle a las víctimas "el derecho a la verdad, la justicia y la reparación." (ICG, 2007, pp. 6 y 7).

Una ley orientada a facilitar los procesos de paz con todos los actores armados al margen de la ley, de modo que la particular exclusión de las Farc y la singular inclusión de los paramilitares no hacían parte de su texto. Como no hacían parte de ningún contacto particular con el Gobierno pese a que los grupos insurgentes (Farc

124

y el ELN) no estaban explícitamente relegados. En todo caso ese primer estatuto de justicia transicional en la historia colombiana le daría trámite a la desmovilización de 24 000 paramilitares sobre los 29 000 que estaban en pie de guerra a comienzos del mandato de Uribe. Hasta alcanzar en noviembre de 2006 43 000 personas desmovilizadas en 22 departamentos, un 70% en Antioquia, Córdoba, Sucre, Cesar y Magdalena. (*El Tiempo*, 2006, nov. 5). Una desmovilización que marcaría el segundo mandato de Uribe con las denuncias hechas por la OEA en el sentido de que algunos bloques se habían "guardado" hombres destinados a reciclar nuevas estructuras de delincuencia. Hasta el punto de que ya a partir de 2007 la Corte Suprema de Justicia empezara a cuestionar lo que veía como ilegítimas maniobras económicas y políticas dentro de la desmovilización paramilitar. Y ordenara el arresto de once congresistas, dos gobernadores y cinco alcaldes, acusados de lucro y alianzas ilegales con paramilitares recién desmovilizados. Una acción legal que bajo el término de "parapolítica" sacaría a la luz pública la penetración de la delincuencia en el Estado por la vía de la desmovilización paramilitar. Y hecha pública desde el periódico *El Tiempo* a través del "mapa del para-escándalo", un registro de 22 funcionarios públicos y congresistas comprometidos en alianzas con autodefensas para la comisión de delitos contra el erario público. (*El Tiempo*, 2006, dic. 3). Un mapa cuyo notable registro de ilegalidades mostraba lo que terminaría por llamarse la "para-economía" y la "para-política", nombres con los que se describían "los nexos monetarios, logísticos y políticos que sectores legales de varias regiones del país ofrecieron a los cabecillas de las autodefensas para la comisión" de sus múltiples delitos. (*El Tiempo*, 2010, abr. 13). Todo un para-empresariado que la Fiscalía había logrado identificar en varios sectores del país, asociado a una serie "de organizaciones criminales y narcotraficantes, quizás conjuntamente con algunos elementos de las Farc y el ELN." (ICG, 2007, p. 31). Hecho este último, el de las alianzas de las AUC con la guerrilla, que mostraban hasta qué punto su antagonismo había terminado por convertirse en algo cada vez más retórico que real. Tal como lo mostraba la "Fundación Ideas para la Paz":

En apenas 100 de los 531 municipios donde los paramilitares tuvieron presencias entre 1997 y 2002, la guerrilla era una amenaza real. En 152 de ellos no había, siquiera, presencia de estas organizaciones ilegales. Lo que sí había en la mayoría de los 531 municipios eran cultivos ilícitos. (*El Espectador*, 2013, ene. 12).

Enfrentamientos entre guerrilleros y paramilitares ocasionados más por el control regional del narcotráfico que por sus divergencias políticas. Hasta el punto de que la lucha gubernamental contra la droga terminara por unirlos en la defensa de sus propios intereses en torno al cultivo y tráfico de estupefacientes. De ahí que, en consecuencia, la Corte Suprema se negara a concederle a las AUC el pretendido carácter de sediciosos en sus negociaciones con la justicia. Algo ratificado en julio de 2007 al advertir que, de hacerlo, le estaría dando carta de sedición a los delitos comunes, hasta el punto de "controvertir la Constitución, desconocer la jurisprudencia y contradecir la totalidad de la doctrina nacional y extranjera." (*El Espectador*, 2007, jul. 29-ago. 4). Juicio este controvertido por Uribe bajo un insólito argumento: que la Corte actuaba bajo "sesgos ideológicos" al negarle a los "paras" la condición de delincuentes políticos, mientras era "indulgente" con la guerrilla pese a sus "terribles violaciones de los derechos humanos". (*El Tiempo*, 2007, jul. 30). Toda una batalla entre los poderes públicos que sería registrada por el periódico *El Tiempo* según la siguiente cronología:

Mayo de 2006: la Corte Constitucional declara inexequible el artículo 71 de la Ley de Justicia y Paz, que consagraba la sedición.

Julio de 2007: la Corte Suprema de Justicia dice que las acciones de los paramilitares no pueden considerarse delitos políticos.

Julio 25 de 2007: el presidente Uribe dice que la Corte ha obstaculizado el proceso de paz y que 19 000 ex AUC quedan en el limbo.

Agosto de 2007: El Gobierno presenta al Congreso un proyecto de ley para juzgar a ex "paras" por concierto para delinquir simple.

Una larga polémica en la que se destacaba la negativa de la Corte a asimilar el paramilitarismo a un delito político, mientras lo hacía con la guerrilla al reconocerle el carácter de rebelión. Y fundamentada en dos argumentos: a) que las Autodefensas no actuaban contra el Estado sino en complicidad con él; b) que sus motivaciones eran prioritariamente económicas y no políticas. Argumentos controvertidos por el Gobierno hasta el punto de provocar ásperas discusiones solo diluidas por la sorpresiva deportación hacia los Estados Unidos, a mediados de 2008, de catorce líderes de la cúpula paramilitar por incumplir la ley. Y defendida por Uribe bajo los siguientes argumentos:

> Nada se opone a que la reparación moral se lleve a cabo desde los Estados Unidos. El Gobierno considera que esta decisión es garantía para la reparación de las víctimas, contribuye a la verdad sin deformaciones, es una advertencia a todas las personas sometidas a la Ley de Justicia y Paz, establece un antecedente para futuros procesos de paz y notifica que la ley tiene que ser respetada y el terrorismo superado. (*El Espectador,* 2008, 14 de mayo).

Una extradición de catorce jefes paramilitares que habían pasado a la prisión de Itagüí por sus acciones desestabilizadoras contra el Estado, pero cuyos delitos mayores eran los del tráfico de drogas y el control del crimen organizado. Un tráfico de droga reconocido desde el año 2002 por el comandante de las AUC, Carlos Castaño:

"el problema es que aquí se quiere negar que hay narcotráfico para financiar la organización (…) se sigue practicando solo que ahora lo hacen más discretamente o a través de terceros: así vamos todos inevitablemente rumbo a los Estados Unidos". (*Semana*, 2008, ago. 11).

Una extradición justificada por el comisionado de paz Frank Pearl en los términos siguientes: "antes, los de arriba querían callar a los de abajo, y los de abajo tenían miedo de hablar. Desde que extraditamos hemos avanzado". (*El Tiempo*, 2008, may. 5).

Fue, pues, en este complejo y agrio escenario de debates en el que empezarían a aparecer los nuevos grupos delincuenciales, doce inicialmente visibles, distribuidos en ocho departamentos del país. Cifra muy pronto incrementada hasta alcanzar en 2007, según la Comisión Nacional de Reparación, el número de cuatro mil hombres vinculados a 22 grupos actuando en doscientos municipios de 22 departamentos del país. (*Semana*, 2007, ago. 20). Y que bajo el interrogante de "Disidentes, rearmados y emergentes: ¿bandas criminales o tercera generación paramilitar?", hecho por esta misma comisión, serían calificados un año después por la Defensoría del Pueblo como una gran amenaza presente ya en 305 municipios. (*Semana*, 2008, jun. 2). Impresionante entrada en el escenario nacional la de estas bandas criminales, Bacrim, que tres años después, en 2010, llegarían a ser identificadas como "una tercera generación de paramilitares" calculada en cuatro mil hombres (*El Tiempo*, 2010, ene. 20) e influyentes en 159 municipios de 18 departamentos del país. (*El Tiempo*, 2010, jul. 9). Un fenómeno sobre el cual el director de la Policía, general Óscar Naranjo, haría la advertencia de no "premiar de nuevo a los narcos calificándolos de paramilitares", dado que el comportamiento de las nuevas bandas era de pura delincuencia común: "no tienen vocería política, no tienen ideario y su fin último es asegurar el narcotráfico." (*El Tiempo*, 2010, feb. 9). Una clara advertencia frente a las preguntas de si se trataba de grupos paramilitares, paraguerrilleros o, quizás, unos "aparatos paraestatales destinados a apoyar la guerra contrainsurgente". (Pizarro, 2009). Interrogantes estos que en todo caso acentuaban el descrédito de la desmovilización paramilitar dados sus visibles aspectos negativos, señalados por la Comisión Nacional de Reparación: a) uno de cada diez exparas desmovilizados habían vuelto a las actividades criminales; b) 2200 de ellos habían muerto en combate con la fuerza pública o "asesinados en *vendettas* y atentados para evitar su colaboración con la justicia. A lo cual se agregaba el hecho de que oficialmente se registraban 32 000 desmovilizados cuando "las cuentas señalaban que no había más de quince mil paramilitares en armas". (*El Tiempo*, dic. 17). Muchos de los cuales, según la misma Comisión, pese a estar registrados en el plan de Reinserción eran miembros activos de las nuevas bandas criminales que ya a finales de 2010 tendrían presencia "en 27 de los 32 departamentos del país. (*El Espectador*, 2011, ene. 30). Y sobre las cuales la Corporación Nuevo Arco Iris advertía que no podían deslindarse de las Autodefensas toda vez que varios de sus lugares, jefes y tipo de acciones correspondían a estructuras no desmovilizadas o a reincidentes en el delito. Algo confirmado por el excomandante de las AUC, Iván Roberto Duque, alias Ernesto Baez, para quien las supuestas bandas emergentes eran autodefensas "desmovilizadas a medias por el fracaso de la reinserción y en proceso acelerado de rearme y expansión". Bandas que en el caso de los Rastrojos y los Urabeños se extenderían a toda la nación hasta el punto de paralizar las ciudades de Santa Marta y Montería en enero de 2012 y durante dos días, en una operación que la prensa distinguiría como "maquinaria neoparamilitar". Bandas que, en fin, pronto harían alianzas con las Farc para asentarse en el puerto de Buenaventura y extender su dominio hacia el Chocó. (*Semana*, 2012, dic. 3).

Sería, en fin, en este contexto como se hizo pública la decisión de la Corte Constitucional de declarar inexequible el referendo sobre una segunda reelección presidencial. Un momento en el que Uribe ya había jugado todas sus cartas para el logro de una seguridad pública que no dejaba de hacer recordar a ese gobernador de Antioquia empeñado en liquidar a las Farc regionales de su tiempo, dada su naturaleza terrorista. Y que en consonancia con ese pasado llegaría a alentar la creación de las cooperativas de seguridad, Convivir, algunas de ellas asistidas por paramilitares expertos en la lucha contra-guerrillera. Cooperativas portadoras de la negación de ese "conflicto armado interno" contra el cual se había pronunciado de manera vehemente ante la Corte Interamericana de Derechos Humanos, en Costa Rica:

> ¡No se puede admitir dar legitimidad a una oposición armada! ¡No se puede reconocer en esa falsa oposición armada la calidad de combatiente, cuando su financiación principal es la droga y su segunda financiación es la más repugnante conducta contra la libertad humana: el secuestro! (Gaviria, 2005, p. 48).

Acusaciones estas apoyadas por la creciente presencia de las Farc en el negocio de la droga hasta cubrir el 55% de la producción nacional de cocaína en el año 2009 y el 70% en el año 2010. (*El Espectador*, 2010, feb. 19). Y que, en consecuencia, la invalidaban como contraparte de un "conflicto armado interno" representativo de un enfrentamiento político entre actores de la sociedad colombiana. De ahí la pertinencia lógica del argumento presidencial según el cual, frente a las políticas de resocialización de las autodefensas, a la guerrilla solo le quedaba su liquidación. Algo que desde la perspectiva militar no era descabellado si se tenía en cuenta un proceso menguante cada vez más visible desde el momento en que Pastrana había dicho que tenían 199 municipios bajo control. En efecto, según la Corporación Nuevo Arco Iris, el número de combatientes en armas se había reducido de 16 900 que había en la época del

Caguán, a 8900 en el año 2007, ya bajo el segundo cuatrienio de Uribe. (*Cambio*, 2007, nov. 29). Año este en el que se había pasado del Plan Patriota al Plan Consolidación, con un aumento del pie de fuerza del Ejército y la Policía desde doscientos mil hombres en 2002 a 380 000 en 2007. Y en el que el control territorial de las Farc se había reducido al perder veinte de sus frentes de combate y ser obligada a concentrarse en sus antiguos santuarios del sur del país. Una pérdida de capacidad de fuego y presencia militar apenas compensada por sus ingresos derivados de la producción de cocaína: 510 toneladas anuales que le dejaban más de 750 millones de dólares de utilidades. (*Ibíd.*, p. 20). Un fortalecimiento financiero junto a una notable inflexión bélica al perder en cinco años el 30% de sus hombres, entre ellos una importante lista de antiguos jefes que ya en el año 2009 alcanzaba el número de 43. (*Semana*, 2009, dic. 28). A lo cual habría que agregar dos indicadores más: 1) el desmantelamiento entre 2003 y 2005 de sus frentes bélicos en el centro y norte del país, incluido el de Cundinamarca con su frente urbano "Antonio Nariño" de Bogotá; 2) el decrecimiento de sus acciones ofensivas desde un número de 330 en 2002, hasta las 98 del año 2008. Una capacidad operacional reducida en un ochenta por ciento dado que de sus dieciocho mil hombres anteriores se había pasado a menos de siete mil en los dos años indicados antes. Una pronunciada inflexión de la presencia guerrillera reconocida a la revista *Semana* por un mando medio desmovilizado de las Farc, al señalar que "antes estábamos en la ciudad, luego en los pueblos y ahora solo nos quedó el monte." (*Semana*, 2010, ago. 2).

Así que, si la liquidación de las Farc no se había logrado bajo Uribe, su inflexión bélica sí había alcanzado un nivel considerable a lo largo de sus ocho años de Gobierno. Otra cosa es que el fracaso de la meta "liquidacionista" se hubiera tratado de compensar mediante macabros expedientes como los "falsos positivos": bajo la demanda de supuestos servicios para el Ejército, se atraía a jóvenes civiles de escasos recursos con el fin de ejecutarlos y hacerlos ver como guerrilleros caídos en combate, acciones descubiertas a fines de 2010, como sería el caso de diecinueve jóvenes reclutados en Soacha, Cundinamarca, y asesinados en el Catatumbo, y de ahí se descubriría el homicidio de 2679 personas más bajo las mismas circunstancias. (*Semana*, 2011, ene. 31). Hechos todos estos a partir de los cuales la oficina de Derechos Humanos de la ONU, en su informe anual del año 2010, haría severos cuestionamientos a las Fuerzas Militares por sus escasos aportes a la justicia civil para su investigación. Lograría demostrarse que las criminales prácticas iniciadas a comienzos de 2008 y aplicadas en los departamentos de Cauca, Valle y Nariño, habían alimentado durante dos años la campaña liquidacionista contra la guerrilla inspirada por el Gobierno. Hasta mantenerse vigente en febrero de 2012, tal como lo mostraba un estudio de la Oficina de la Alta Comisionada de Naciones Unidas para los Derechos Humanos, al presentar pruebas de su ocurrencia en Bogotá, Arauca, Cauca y Cesar. (*El Tiempo*, 2012, feb. 28). Y extenderse bajo la forma de alianzas entre el Ejército y algunas bandas criminales, según lo revelado por la ejecución de trece civiles con el apoyo activo del Ejército Revolucionario Popular Anticomunista, ERPAC. (*El Espectador*, 2012, abr. 28) Así, en fin, hasta mediados de junio de 2013, cuando una ley estatutaria definiría los "falsos positivos" como ejecuciones extrajudiciales, es decir, homicidios, bajo la competencia exclusiva de la justicia ordinaria, bajo la cual el fuero militar quedaba estrictamente restringido a la figura del "blanco legítimo" en los casos de persecución y abatimiento de la delincuencia. Un ajuste de las actividades bélicas a lo establecido por el Derecho Internacional Humanitario en el sentido de lo señalado por un editorial del diario *El Tiempo*: "la justicia penal militar, por su lado, tiene el compromiso de demostrar la independencia y efectividad de las que ha carecido en las últimas décadas." (*El Tiempo*, 2013, jun.19). Cambios estos que pese a todo dejarían a la justicia colombiana en deuda ante la Corte Penal Internacional, dado que en los procesos por "falsos positivos" había muy pocas sentencias, muchas investigaciones estancadas y ningún "avance hacia arriba en la cadena de mando." (*El Tiempo*, 2013, abr. 20).

En todo caso el epílogo de Uribe ya había empezado a perfilarse a comienzos de febrero de 2010 cuando el magistrado de la Corte Constitucional, Humberto Sierra Porto, en un texto de 437 páginas, había pedido hundir el referendo para un tercer período presidencial. Concepto que refrendado por la Corte llevaría al presidente a abrir su sucesión con dos candidatos, Juan Manuel Santos y Andrés Felipe Arias. Un abierto proyecto de reencarnación asegurado por el gesto aprobatorio, un ochenta por ciento, que las encuestas le daban al presidente saliente y a quien saldría finalmente elegido: su ministro de Defensa, Juan Manuel Santos.

UN NEO-REALISMO POLÍTICO

Ya a escasas dos semanas de iniciado el nuevo Gobierno de Juan Manuel Santos (2010-2014), las Farc expondrían ante la Unión de Naciones Suramericanas, UNASUR, "su irreductible voluntad de buscarle una salida política al conflicto" colombiano para lo cual dejaban abierta la puerta de las conversaciones. Ante dicha propuesta la presidencia de la república advertiría que cualquier diálogo con la guerrilla debía estar precedido por su abandono de las armas y la liberación de todos los secuestrados. Tono y condiciones ajustadas al pragmatismo santista interesado en seguir la línea de su antecesor mientras consolidaba su propio proyecto gubernamental. Una perspectiva favorecida por el contundente efecto provocado por la baja del Mono Jojoy, a comienzos de su mandato, operación militar fraguada desde cuando era ministro de Defensa de Uribe y a partir de la cual, junto al formal condicionamiento de que cualquier aproximación con las Farc suponía el abandono de su comportamiento terrorista, ya mostraba una notable diferencia: el cambio de la "naturaleza" terrorista de las Farc, propia de Uribe, por la "actitud" terrorista que enunciada por Santos implicaba la posibilidad de enmienda y rectificación. Preludios, en fin, a la sorprendente declaración presidencial de mayo de 2011: "hace rato hay conflicto armado en este país" (*El Tiempo*, 2011, may. 5), radicalmente opuesta a lo declarado por Uribe durante sus ocho años de Gobierno.

Poco tiempo después, el 9 de junio de 2011, Juan Manuel Santos presentaría ante el secretario general de las Naciones Unidas, Ban Ki-Moon, notable invitado de honor, la Ley de Víctimas y Restitución de Tierras. Había dicho ante el Congreso: "si logramos pasar esta ley y cumplirla en beneficio de todas nuestras víctimas, si solo hacemos esto, habrá valido la pena para mí ser Presidente de la República y para ustedes ser congresistas". (*El Tiempo*, 2011, may. 29). Una ley que desde el principio de la reparación proporcionaba una serie de instrumentos administrativos, jurídicos y fiscales para que los desplazados pudieran reclamar sus predios perdidos durante el conflicto. Y que junto al reconocimiento del conflicto armado hecho presente desde "hacía mucho tiempo en este país", incluía como víctimas a los agentes del Estado alentando en estos actuaciones ajustadas al Derecho Internacional Humanitario. Una ley de víctimas que, en fin, debía restituirles a los despojados dos millones de hectáreas usurpadas por terratenientes, narcotraficantes, guerrilleros y paramilitares. Y bajo la cual la tarea gubernamental ya no estaba fijada a la liquidación física de la guerrilla sino al establecimiento de un nuevo régimen de paz y consolidación democrática; además de reconocerles el principio de beligerancia a las Farc, exigía de estas el acatamiento del Derecho Internacional Humanitario suscrito por Colombia desde 1949, pisoteado por aquellas de forma reiterada. Así que hablar de víctimas en términos de la justicia y la restitución debida a sus trágicas condiciones, imponía hablar de los victimarios y la correspondiente justicia aplicable a sus transgresiones. Tal como quedaría abierto a la opinión pública en junio de 2012 cuando el Congreso aprobó el marco jurídico para la paz, dándole paso a una justicia transicional encargada de aplicar un tratamiento especial a los insurgentes desmovilizados. Una justicia que en razón de la amplia criminalidad y el desborde de la capacidad punitiva legal, optaba por la selección y juzgamiento de los máximos y visibles responsables. Algo rechazado por ONG nacionales e internacionales bajo el argumento de ser "una puerta a la impunidad", opuesta a las obligaciones internacionales del Estado colombiano. (*Semana*, 2013, jul. 29). Además de ser demandado judicialmente bajo el supuesto de que todos los responsables de genocidio, crímenes de lesa humanidad y de guerra, debían ser investigados sin limitarse a los "cometidos por los máximos responsables y a los hechos ejecutados de "manera sistemática". Pero contraargumento en el sentido de que la selectividad jurídica propia de la forma transicional se apoyaba en dos garantías: a) la ampliación de los beneficios de ley anunciada por Santos para "*todas* nuestras víctimas"; b) las acciones de la Corte Constitucional para incorporar en la Ley de Víctimas a *todos* los desplazados por la violencia orgánica. Una legislación que le ofrecía reparación por vía administrativa a todas las víctimas de paramilitares, guerrilleros, miembros de la Fuerza Pública y bandas criminales. Y que, por lo tanto, era una forma de ley encargada del "reconocimiento de las víctimas, la reconciliación y el afianzamiento de la justicia y el Estado de derecho" (De la Calle, 2013, may. 19). Algo criticado con singular énfasis por Uribe en los siguientes términos: "terroristas no reúnen elementos para estatus de beligerancia. ¿Por qué les abren la puerta?"; "no hay razón legal para vincular reparación de víctimas con reconocimiento de terroristas". Distanciamientos cada vez más agudos entre los dos estadistas y bajo los cuales asomaban las frustraciones del expresidente: las Farc que no había podido "liquidar" en sus ocho años de mandato; las autodefensas que no había logrado "asimilar" del todo dentro de sus prometidos marcos jurídicos y políticos.

Una política anti-criminal cuyo universo de aplicación parecía desbordar las posibilidades de aplicación de la justicia nacional. Como era el caso de las Bacrim responsables no solo de 31 de los 58 desplazamientos violentos a todo lo largo del país (*El Tiempo*, 2011, feb. 27), sino del aumento del tráfico de drogas en los departamentos de Córdoba, Meta, Guaviare, además de las regiones del

Bajo Cauca, Urabá y la costa nariñense. Bandas estas que a comienzos de 2013 ya eran responsables de ocho de cada diez masacres y cuyos asesinatos a lo largo del año llegarían a las 2200 víctimas, según estudios de la Corporación Nuevo Arco Iris y sobre las cuales la Fundación Ideas para la Paz advertiría una relación no solo con los delitos del tráfico de drogas y la minería, sino también con el control del microtráfico en varios centros urbanos. (*El Tiempo*, 2013, ene. 20). Toda una poderosa delincuencia común sobre la cual el presidente de la república advertiría que no podían recibir un tratamiento distinto al de "la aplicación rigurosa de la justicia ordinaria". Fue así como proyectos centrados desde fines de 2011 en la resocialización de las AUC y que habían perdido sus vínculos con el proceso de paz, fueron acogidos en el Marco Jurídico para la Paz bajo acuerdos individuales de paz surtidos por colaborar con la reconstrucción de la verdad histórica y la reparación de las víctimas. Hasta el punto de acoger a 24 500 personas, un "92% de los desmovilizados que se esperaban para firmar las actas de paz" (*El Tiempo*, 2011, dic. 29), bajo el presupuesto de no aceptar miembros de bandas criminales dada su carencia de estatutos políticos.

Así que el Marco para la Paz era el soporte jurídico de un proceso que gracias a la justicia transicional debía darle tratos diferenciados a paramilitares, guerrilleros y miembros de la Fuerza Pública. Tal como lo veía el analista Javier Ciurlizza, director de la ONG Internacional Crisis Group, al señalar la necesidad de definir el tipo de paz que se quería construir con el fin de establecer las formas de negociación que se le debían agregar a la vía militar en la resolución del conflicto. (*El Tiempo*, 2012, may. 13). Algo que Santos ya había indicado en mayo de 2011 cuando a propósito de la Ley de Víctimas presentada al Congreso, hizo su explosivo pronunciamiento de que "hace rato hay conflicto armado en este país". Y rechazado por el expresidente Uribe desde dos premisas: a) "resolver los problemas sociales no implica legitimar la acción destructiva de los terroristas"; b) reconocer el conflicto armado es darle un estatus de beligerancia a la guerrilla. Premisas rechazadas a su vez desde la academia al mostrar cómo los Protocolos Adicionales de 1977 a los Convenios de Ginebra ya le habían fijado cuatro requisitos al estatus de beligerancia: 1) constituir un grupo armado organizado; 2) disponer de un mando responsable; 3) ejercer un claro control territorial; 4) respetar el Derecho Internacional Humanitario (DIH). Requisitos los anteriores que las Farc solo cumplían en los dos primeros casos e incumplían en los dos restantes: el control territorial y el respeto al DIH. Pero que, pese a esto, no le quitaban ni a las Farc ni al ELN sus estatus políticos para "adelantar diálogos de paz." (Pizarro, 2011, may. 10).

De todas maneras , lo dicho por Santos a los periodistas el 5 de mayo del 2011, "hace rato hay conflicto armado en este país", incluido como concepto en la nueva ley de víctimas, sería complementado por el presidente con la dura y pragmática frase de que su objetivo presidencial era "terminar el conflicto por las buenas o por las malas". (*El Tiempo*, 2012, jun.17). Pronunciamiento que frente al utópico liquidacionismo del Gobierno de Uribe terminaba por acreditar el realismo santista apoyado en una justicia transicional encargada de los delitos de guerra cometidos por guerrilleros y agentes del Estado. Una Justicia restaurativa solo aplicable a los agentes del "conflicto armado interno", bajo el reconocimiento de específicas responsabilidades individuales. Y abierta por consiguiente a los militares, tal como lo señalaba el fiscal general de la nación, Eduardo Montealegre, mediante "mecanismos de penas alternativas (…) en los casos que determine el Congreso por hechos que estén estrechamente ligados con el conflicto." (*El Tiempo*, 2013, abr. 29). Un proyecto este destinado a modernizar la justicia penal militar tal como lo plantearía el viceministro de Defensa Jorge Bedoya en carta a la Alta Comisionada de la ONU para los derechos humanos:

El Congreso de la República aprobó una reforma constitucional que, además de excluir expresa y taxativamente del conocimiento de la Justicia Penal Militar los crímenes de lesa humanidad, los delitos de genocidio, desaparición forzada, ejecución extrajudicial, violencia sexual, tortura y desplazamiento forzado, ordena que la justicia penal militar sea independiente y separada del mando institucional. (*El Tiempo*, 2013, abr. 27).

El Marco para la Paz estaba así claramente delineado por una justicia transicional solo aplicable a los grupos beligerantes que hicieran parte del conflicto armado interno. Una selectiva puerta que el Gobierno le abría a las Farc para llamar con fines de investigación penal solo a los "máximos responsables" de los crímenes "más graves", estableciendo así unos patrones de macro-criminalidad ejercida por la subversión. De modo que casos como los de secuestro, reclutamiento, violencia sexual, desplazamiento, uso de minas y homicidios, cometidos por la guerrilla, se investigarían en ese contexto particular. Un marco jurídico para la paz cuyos alcances y beneficios legales estarían sujetos "a la terminación del conflicto armado interno (…) y al reconocimiento de responsabilidad". (*El Tiempo*, 2012, jun. 5). Un marco para la paz, en fin, que le permitiría al Gobierno emprender su proyecto de "Acuerdo General para la Terminación del Conflicto" desde el cual se iniciarían, en octubre de 2012, las conversaciones entre el Gobierno y las Farc. Precedidas, además, por los acercamientos de Alfonso Cano quien, como nuevo jefe supremo, se caracterizaba por su inclinación al diálogo y el sentido de reforma dentro de la guerrilla.

En todo caso las Farc, según un estudio de la Corporación Nuevo Arco Iris de mediados de 2011, ya venía mostrando cambios notables: el primero, de estrategia, al eludir los choques prolongados con la fuerza pública para privilegiar la movilidad y los golpes de mano; el segundo, un mayor uso de minas antipersonales y de francotiradores. Cambios acompañados de una profundización de su economía de guerra basada en la droga, tal como lo mostraba el departamento del Cauca convertido en zona de retaguardia estratégica al controlar el "93% de los cultivos ilícitos". Y el uso de corredores estratégicos "para el transporte y comercialización de estupefacientes, armas y abastecimientos en Cauca, Tolima y Huila". (*El Tiempo*, 2012, ago. 18). Una economía de guerra bajo la cual el frente 57 del Chocó ya se había especializado en el tráfico de la droga en la frontera con Panamá, hasta el punto de ser no solo el principal centro de acopio en el Pacífico colombiano sino "el último eslabón de la cadena encargada de sacar la droga desde el centro y sur del país hacia Centroamérica". (*El Tiempo*, 2012, oct. 20). Y que según una investigación de la Policía hecha sobre mediciones internacionales, testimonios de desmovilizados, interceptaciones y datos de inteligencia, mostraría una influencia de las Farc sobre 46 196 hectáreas de cultivos ilícitos en quince departamentos. (*El Tiempo*, 2013, sep. 29). Pero una economía de guerra que pese a su expansión no había logrado sacar a la guerrilla del repliegue militar iniciado bajo Uribe y acentuado con Santos al dar de baja, en septiembre de 2010, al muy notable jefe militar Mono Jojoy. De ahí que como lo señalaba el comandante del Ejército, Sergio Mantilla, habían pasado de 23 000 combatientes en 2002 a los nueve mil con que contaba en 2012. (*El Tiempo*, 2012, jun.10). Y que el ministerio de Defensa sustentaba al señalar cómo, en el repliegue hacia sus antiguos santuarios, las Farc habían perdido el catorce por ciento de sus hombres (cerca de 1200 guerrilleros en armas), de tal modo que en ese momento solo disponían de 122 estructuras con menos de ocho mil combatientes. (*El Tiempo*, 2013, abr. 8).

A la caída en combate de Alfonso Cano a fines de octubre de 2011, otra gran pérdida de las Farc, seguiría su acercamiento al Gobierno mediante una carta en la que a comienzos de 2012 su sucesor, alias Timochenko, le haría a Santos la invitación siguiente:

"retomar la agenda que quedó pendiente en el Caguán" y que "el Gobierno del que usted hizo parte se negó a abordarla diez años atrás". Reclamo e invitación al mismo tiempo, mantenida en pie pese al devastador bombardeo sobre su campamento principal del Bloque Oriental en el Meta, en el que seis de sus jefes de frente y 36 guerrilleros fueron abatidos por la fuerza pública. Así, no obstante las fuertes acciones bélicas del Gobierno y la resistencia de un sector de las Farc, los avances en búsqueda de una aproximación entre las partes se mantenían. Tanto como las críticas de quienes veían en estos acercamientos un nefasto resultado de las innovaciones jurídicas sobre el conflicto: "Marco para la Paz permite elegibilidad política de Timochenko y secuaces, porque no excluye de conexidad con el delito político a crímenes de lesa humanidad, graves violaciones al DIH y narcotráfico" (*El Espectador*, 2012, jun. 15), señalaría Uribe.

De todas maneras pronto se llegaría a unas conversaciones sin despeje ni cese de operaciones militares, según una agenda dividida en seis temas: 1. Política de desarrollo agrario integral; 2. Participación política; 3. Fin del conflicto; 4. Solución al problema de las drogas ilícitas; 5. Víctimas y verdad; 6. Implementación, verificación y refrendación. Conversaciones que luego de un protocolario comienzo en Oslo continuarían en La Habana donde, a finales de 2012, las Farc iniciaron sus mediáticos anuncios navideños con una tregua unilateral como muestra de "voluntad para generar un ambiente político propicio para el avance de los diálogos". (*El Tiempo*, 2012, nov. 20). Gestos contrastados por el frío carácter de la delegación gubernamental notable ya en Oslo, y la vehemencia del ministro de Defensa Juan Carlos Pinzón al invocar desde Bogotá el deber constitucional de la Fuerza Pública de perseguir a "los terroristas de las Farc por todos los crímenes que han cometido a través de tantos años". (*Ibíd.*). Así comenzaría un diálogo en el que una distendida guerrilla prometía permanecer en la mesa "todo el tiempo que fuera necesario" y "trabajar sin afanes" (*El Tiempo*, 2012, nov. 30), tal como sin duda lo haría a lo largo de 21 sesiones. Diálogo cuyo alcance trataría de disminuir alias Iván Márquez, jefe de la delegación de la guerrilla, bajo la advertencia de que las Farc no estaban "en un proceso de negociación en negociación, pues nada tenemos que entregar y sí mucho que exigir como parte de esa ingente masa de desposeídos que claman por tierra, vivienda, salud, educación y verdadera democracia." (*Ibíd.*).

Y replicado por Humberto de la Calle, jefe del equipo negociador del Gobierno, para quien en La Habana no estaban en juego ni el modelo de desarrollo ni el sistema de Gobierno propio del país: "Esta no será una paz a cualquier precio, será una paz dentro de la Constitución y la ley, y allí están consagrados los derechos de cada quien, pero también los deberes." (*Ibíd.*).

Conversaciones que aún sin comenzar tendrían como preludio los siguientes asuntos: 1) cese unilateral del fuego por parte de las Farc; 2) aclaración del Gobierno en el sentido de que su cese de fuego solo se haría tras el acuerdo final entre las partes; 3) negativa gubernamental de mediar ante Estados Unidos para excarcelar a Simón Trinidad con el fin de llevarlo a los diálogos de La Habana.

Ya frente al primer tema de la agenda, las políticas de desarrollo agrario, el Gobierno haría la advertencia de que lo discutible en la mesa no era el modelo económico del país sino aspectos del agro tales como los siguientes: restitución, acceso y uso de la tierra; formalización de la propiedad, infraestructura y adecuación de tierras; seguridad alimentaria. Una restitución de tierras que implicaba recuperar lo arrebatado por guerrilla, paramilitares y narcotraficantes, acusados de apropiación ilegal de más de un millón de hectáreas en todo el país. Fase del diálogo ésta en la que el Programa de Desarrollo de las Naciones Unidas, PNUD, y la Universidad Nacional, convocarían en Bogotá un foro que, apoyado por el Gobierno y las Farc, atraería la presencia de 16 organizaciones y gremios representativos del campo. Con la sola excepción de Fedegán que rechazaría la invitación bajo el argumento siguiente: "desde el nacimiento mismo de las Farc, esta guerrilla declaró a los ganaderos como objetivo militar por el solo hecho de ser poseedores legítimos de tierras. Desde entonces, los ganaderos han sido asesinados, secuestrados y despojados." (*El Tiempo*, 2012, dic. 20).

En este punto de las conversaciones y culminado el cese unilateral del fuego, las Farc propondrían un cese bilateral rechazado por el Gobierno hasta la firma de acuerdos para la terminación del conflicto. Negativa que dada su simultaneidad con el secuestro por la guerrilla de dos policías daría lugar a un ultimátum de Humberto de la Calle en los siguientes términos: "vamos a La Habana para terminar el conflicto, que es lo que pactamos. Y si no es así, que nos lo digan de una vez, para no hacerles perder el tiempo al Gobierno y a los colombianos". (*El Tiempo*, 2013, ene. 31).

Concluida la cuarta ronda a comienzos de febrero de 2013, Santos utilizaría su visita a la antigua zona de distensión del Caguán para recordar cómo las Farc se habían apoderado allí de enormes extensiones de tierras pertenecientes a los campesinos y al mismo Estado. Quinientas mil hectáreas de terrenos auto-asignados por Tirofijo y el Mono Jojoy bajo el nombre de República de Caquetania, en los departamentos de Meta y Caquetá. Y sobre las cuales diría el presidente: "Estamos despojando a las Farc de su tierra mal habida, y les estamos entregando a los campesinos la tierra que les corresponde y se merecen". (*El Tiempo*, 2013, feb. 21). Un abrebocas de la quinta ronda de conversaciones en la que el Gobierno señalaría tres importantes tareas por cumplir: 1) actualización del catastro rural; 2) recuperación de tierras en manos de ilegales; 3) acceso a la tierra por parte de campesinos sin o con insuficiencia de ella. Tareas que tenían como premisa la recuperación de más de setecientas mil hectáreas robadas al Estado por las Farc, los paramilitares y los delincuentes de "cuello blanco".

Ya en este momento y tal como lo hacía notar la prensa colombiana, "tras seis meses de diálogos, de los seis puntos de la agenda el Gobierno y las Farc aun no terminaban de superar el primero". (*El Tiempo*, 2013, may. 13). Un paso lento que llevaría a Santos a lanzar la advertencia sobre un eventual levantamiento de la mesa si no se llegaba a acuerdos concretos para la firma de la paz. (*El Tiempo*, 2013, feb. 24). E insistir, dos meses después, en que el Gobierno pedía "resultados" y "agilidad" en un diálogo que no se podía "prolongar indefinidamente". Inquietud presidencial respondida por las Farc con el aserto que estaban dispuestas a "seguir dándolo todo" en un proceso definido por el comandante Iván Márquez como "irreversible": "estamos satisfechos, no entiendo por qué dicen que el ritmo es lento (…) es un contrasentido que un conflicto de cincuenta años se resuelva en meses". (*El Tiempo*, 2013, may. 20). Y a propósito de lo cual propondrían diez puntos elogiados por el propio ministro de Agricultura, Juan Camilo Restrepo, dado su "tono menos retórico, más pragmático y más concreto por parte de las Farc." (*Semana*, 2013, ene. 21). Así, por fin, la prensa anunciaría 27 de mayo de 2013 el primer acuerdo entre las partes con el título de "Hacia un nuevo campo colombiano: reforma rural integral". Destacado por Santos como "un primer paso de enorme significado" ya que era "la primera vez en la historia del país que el Gobierno y las Farc (llegaban) a un acuerdo sobre un punto sustantivo". (*El Tiempo*, 2013, may. 28). Y cuyos cuatro ejes eran los siguientes: a) actualización catastral sobre acceso y uso de la tierra con el fin de crear un fondo para su redistribución entre campesinos que "no la tienen o la tienen de manera insuficiente"; b) establecimiento de programas de desarrollo territorial con una activa intervención estatal "para que las instituciones trabajen de la mano con las comunidades"; c) reducción de la pobreza extrema en el campo mediante planes de educación, salud, vías, riego, agua potable, vivienda y protección social; d) seguridad alimentaria y nutricional a través de programas contra el hambre en las zonas rurales. (*Ibíd.*). Un acuerdo que las Farc interpretarían poco después en el sentido de que las actuales comunidades campesinas y sus organizaciones podrían recibir el mismo y especial tratamiento acordado por el Gobierno para las comunidades indígenas y afro descendientes. Y, a partir de estas, los mismos atributos concedidos a las Zonas de Reserva Campesina, ZRC, creadas por el Gobierno según ley 160 de 1994 con propósitos como los siguientes: contener la frontera agrícola, corregir la concentración de la tierra, evitar la fragmentación antieconómica de la propiedad, consolidar la economía campesina, regular la ocupación de baldíos.

O sea que a partir de las condiciones étnicas, por un lado, y los criterios de productividad agrícola de las ZRC por el otro, las Farc proponían la creación de 59 zonas de reserva campesina con una extensión de nueve millones de hectáreas y la misma autonomía económica, política y cultural de los resguardos indígenas y los territorios afrodescendientes. Algo que el ministro de Agricultura, Juan Camilo Restrepo, calificaría de disparate dado que con ello las Farc buscaban dividir al país hasta convertirlo en "un mosaico de republiquetas independientes y eso es algo que va contra la ley, contra la Constitución. Este Gobierno no lo va a hacer". (*El Tiempo*, 2013, ago. 8). Pero que la Asociación Nacional de Zonas de Reserva Campesina, Anzorc, procomunista, ya había hecho llegar a los diálogos de La Habana como propuesta para crear 59 ZRC dotadas de amplias autonomías y con una extensión de 9,5 millones de hectáreas, casi el doble del área agrícola del país. Propuesta enmarcada, además, por la proclamación de las Zonas de Reserva Campesinas como entidades con "capacidad de autogobierno, autogestión y autodeterminación (dentro del), ordenamiento constitucional que resulte del nuevo contrato social pactado en la Asamblea Nacional Constituyente". (*Ibíd.*). Y reconocido como un acuerdo que sería "el inicio de trasformaciones radicales de la realidad rural y agraria, con equidad y democracia". (*El Tiempo*, 2013, may. 27).

Todo un proyecto radical agrario que a mediados de 2013 se haría visible en el Catatumbo, Norte de Santander, una región de cultivos y tráfico de coca compartida por las Farc, el ELN y una narcotizada facción del ya extinto EPL. Una región con una economía particular dado que el dinero producto de la coca es utilizado para la entrada de contrabando como una forma de lavado de dinero. De ahí que el tráfico de drogas, el contrabando y la corrupción determinen la economía regional. Este sería, en fin, el escenario en el que los campesinos desatarían un violento paro rural y urbano contra la erradicación de cultivos de coca, su principal fuente de vida. Y donde, en consenso con las Anzorc, exigirían el establecimiento de una Zona de Reserva Campesina bajo las condiciones preestablecidas por las Farc. Tal como lo habían hecho visibles en Cuba según la revista *Semana:* "Es evidente que las Farc en La Habana están haciendo uso de esta protesta para hacer ver que sus posiciones tienen respaldo 'espontáneo' en la población y reforzar sus planes respecto a las zonas de reserva campesina." (*Semana*, 2013, jul. 8).

Así que el Catatumbo era una prueba de ensayo de la guerrilla para crear territorios campesinos dotados de "autonomías política, administrativa, económica, social, ambiental y cultural". Todo ello dentro de una ambivalente situación de orden público bajo la cual la Oficina de Derechos Humanos de la ONU se permitiría denunciar un "uso excesivo de la fuerza pública contra los manifestantes". (*El Tiempo*, 2013, jul. 11). De modo que tras 35 días de paro, cuatro personas muertas e incalculables pérdidas económicas, el vicepresidente de la república se reuniría con César Jerez, líder del Catatumbo, interlocutor muy apreciado de Raúl Reyes, el Mono Jojoy y Alfonso Cano, según se pudo comprobar en sus computadores confiscados cuando cayeron en combate. El apoyo del frente 33 de las Farc no podía ser más visible según uno de sus comunicados públicos: "pueden contar con nuestras filas, con nuestras armas, con nuestros combatientes. Dispuestos a recibirlos, a apoyarlos, a conducirlos a

146

la victoria final." (*El Tiempo*, 2013, jul. 23). Apoyo de armas y combatientes efectivamente mostrados el 21 de mayo de 2013 con los doce militares emboscados y muertos en el Catatumbo.

A los cincuenta y cuatro días después del paro y a partir del desbloqueo de la vía Cúcuta-Tibú como primer paso para reanudar los diálogos, llegaría a la región una comisión de notables: el vicepresidente de la república, un expresidente, el presidente del Senado, el vicefiscal, el delegado de la ONU y un congresista de la izquierda revolucionaria. Comisionados encargados de buscar acuerdos sobre cinco puntos mínimos: zona de reserva campesina, plan de desarrollo regional, garantías legales para los manifestantes, reparación monetaria para los afectados por la erradicación de coca, sustitución gradual de cultivos ilícitos. (*El Tiempo*, 2013, ago. 3). Último punto este de especial interés ya que por aquellos mismos días un informe de la ONU había mostrado una significativa tendencia a la baja de cultivos en el país con una excepción notable: el Norte de Santander, cuyos cultivos concentrados en Tibú habían pasado de 772 hectáreas en 2011 a 1658 en 2013. Y que el comité de acuerdos abordaría con un esquema de sustitución gradual de cultivos ilícitos como plan de emergencia para 350 familias propietarias de los terrenos erradicados hasta la fecha. (*El Tiempo*, 2013, ago. 15). Algo que se haría visible en un primer convenio, a finales de agosto, bajo el cual el Gobierno suspendería el programa de erradicación de cultivos ilícitos en seis veredas de la zona del Catatumbo. E indemnizaría, además, a cuatrocientas familias víctimas de la erradicación de cultivos de coca desde finales del año anterior.

UNA ETAPA DE TRANSICIÓN

Entre el Juan Manuel Santos ministro de Defensa que veía a los guerrilleros como simples delincuentes, y el que como presidente les da un carácter de protagonistas dentro del "conflicto armado interno" nacional, hay una gran distancia. La misma que ahora le permite ser el propulsor de una paz vista ya no como el fin de una larga guerra, sino como el comienzo de una sociedad empeñada en superar sus históricos déficits de convivencia. Una sociedad cuyos opuestos representantes le dan curso hoy en La Habana a un plan de acuerdos según cinco temas: 1) desarrollo agrario; 2) participación política; 3) fin del conflicto; 4) drogas ilícitas; 5) derechos de las víctimas. Y que en los términos generales de lo comprometido deben conducir al país a una refrendación según tres posibilidades: a) una Asamblea Constituyente; b) un trámite directo bajo la forma de referendo, plebiscito o consulta popular; c) un compendio de leyes encargado de integrar los diferentes acuerdos logrados en el plan de paz.

La refrendación dividiría a las partes de manera tajante. Las Farc optaban por la Constituyente como un escenario de exposición política y de solidez jurídica desde donde cimentar las reformas estructurales requeridas y garantizar "la presencia de las fuerzas políticas que puedan salir de la insurgencia." (*El Espectador*, 2013, jun. 9). El Gobierno optaba por la segunda (referendo, plebiscito o consulta popular) como forma inmediata y representativa para validar lo acordado. Pero una refrendación democrática capaz de darle fuerza normativa y sentido de orientación a acuerdos que, como los de la tierra y el desarrollo agrario, tenían tras de sí sesenta años de enfrentamientos entre las partes. De todas maneras para las Farc, herederas de ese pasado, la Constituyente era además de refrendadora del acuerdo un medio para justificar su carácter político ya que desde allí la guerrilla podría "hacer las reformas que se requieren", tal como le diría a la prensa una fuente cercana al proceso. (*Ibíd.*). Y un escenario que les permitiría recordarle al país que su naturaleza política gestada sesenta años atrás bajo la forma de colonización armada, era refrendada ahora por una carta constitucional de cuyo contrato social hacía parte fundamental. Tal como lo expresaría el Secretariado de las Farc el 7 de junio del 2013:

> No se trata de una incorporación de la insurgencia al sistema político vigente, así como está, sin que se opere ningún cambio a favor de las mayorías excluidas. ¿Entonces para qué fue la lucha? El mejor epílogo de esta guerra debe ser rubricado por cambios estructurales en lo político, económico y social. (*Semana*, 2013, jun. 17).

Y tal como sería rechazado por el jefe negociador del Gobierno, Humberto de la Calle, al señalar que

> el proceso de La Habana se basa en una agenda muy concreta para la terminación del conflicto. Su diseño no incluye una especie de refundación de la patria, esto es, no es el nacimiento de una nueva república". (*Ibíd.*)

Dos posiciones que a todo lo largo del diálogo en La Habana se opondrían entre el pretencioso proyecto refundador de la nación expuesto por la guerrilla, y la ajustada tarea gubernamental de dar-le fin al conflicto y "establecer reglas que permitan el tránsito de las Farc a una fuerza política sin armas". (*El Tiempo*, 2013, jun. 9). Algo sin duda desestimado por la guerrilla tal como lo indicaban sus exigencias: a) redefinir los poderes públicos a partir de la eli-minación de su carácter presidencialista; b) conformar una cámara territorial sustitutiva de la actual Cámara de Representantes con la presencia de campesinos, indígenas y afrodescendientes; c) estable-cer una normativa especial sobre comunicación e información que impida la monopolización de los medios; d) convocar una Asam-blea Constituyente como el mecanismo idóneo para refrendar los acuerdos. Descomunales pretensiones que llevarían al presidente Santos a dirigirse a las Farc en los términos siguientes: "si quieren reformas propónganlas en los canales de la democracia en caso de ganar las elecciones (ya que) no vamos a hacer revoluciones por decreto. Una constituyente es un imposible". (*El Espectador*, 2013, jun. 23). Y a recordarles que lo acordado sobre la "participación política" se refería sustancialmente a "derechos y garantías para el ejercicio de la oposición política en general y, en particular, para los movimientos que pudieran surgir después de la firma del Acuerdo Final". (*El Tiempo*, 2103, jun. 23). De ahí que no debían empecinar-se en condiciones como las de que "a la solución definitiva de 60 años de guerra se le debe una constituyente."

Un claro mensaje en el sentido de que en lugar de una nueva constituyente lo realista era crear "reglas de juego" para que las Farc cambiaran las balas por votos. (*Ibíd.*). Algo desoído por la guerri-lla centrada en objetivos que debían asegurarse mediante una carta constitucional: seguridad jurídica para los excombatientes, reforma a la justicia, reordenamiento territorial, administrativo y fiscal, de-rechos y garantías para la oposición, normas para el posconflicto. Todo un listado que Gabriel París, negociador de las Farc, se permi-tiría ensalzar: "la Constituyente es la llave de la paz". Y que el Presidente Santos comentaría: "si quieren refundar el Estado, cambiar el Congreso, pues que lo propongan en los escenarios democráticos cuando hayan entregado las armas, pero eso no lo vamos a discutir en las mesas de negociación en La Habana". Y les replicó: "cumplan con su palabra". (*El Tiempo*, 2013, jun. 24).

Así fue como cumplidos diez ciclos de sinuosas conversaciones, los compromisarios terminarían por expedir un informe final sobre la cuestión agraria en el que se limitaban a expresar la necesidad de llegar a reformas conducentes al "inicio de transformaciones estructurales de la realidad rural y agraria de Colombia con equidad y democracia, contribuyendo así a la no repetición del conflicto y a la construcción de una paz estable y duradera." (*El Espectador*, 2013, jun. 22).

Abstracta y piadosa conclusión sobre un diálogo en el que, no obstante, se habían abordado temas como la economía campesina, familiar y comunitaria; las formas de asociación y cooperativismo; la formalización de la propiedad rural, la generación de empleo e ingresos, la preservación del medio ambiente, la actualización del catastro rural, la modernización del campo.

El primero de julio se le daría curso al segundo tema, el de la participación política, bajo cuatro advertencias previas hechas por los mismos participantes. En el caso del Gobierno: a) discutir solo los puntos previamente acordados; b) dejación de armas por la guerrilla como requisito previo para el ejercicio de la política. En el caso de la guerrilla: a) aplazar las elecciones del siguiente año de 2014; b) refrendar lo acordado mediante una asamblea constituyente. Advertencias subrayadas por los voceros de uno y otro lado, así: "lo que se acuerde en La Habana solo se aplicará si hay dejación de las armas y reincorporación a la vida civil de las Farc", decía el Gobierno; "la Asamblea Constituyente es nuestra certeza de paz y de ella depende la solución política o la guerra", decían las Farc. (*El*

Tiempo, 2013, jul. 2). Insistencia esta última que no dejaba de evocar ese fetichismo constitucional de nuestro pasado republicano bajo el cual se había levantado un constitucionalismo posbélico generador de tantas guerras civiles cuyas fórmulas como "refundar la patria", "gestar un verdadero Estado de derecho", "pactar un nuevo contrato social" ahora eran dichas por las Farc con el pretexto de buscar una nueva sociedad. Tal como se vería a lo largo de las discusiones sobre la participación política con el tema de la Constituyente como reiterada fórmula que le daría cuerpo a un nuevo contrato social. Algo que el ministro del Interior, Fernando Carrillo, rechazaría públicamente al señalar que en la Carta del 91 ya cabían "todos los colombianos" gracias a su alcance social y garantía de derechos. (*Semana*, 2013, jun. 24). Una sobrevaloración esta, sin duda, pero comprensible frente a la baja estima expresada por la guerrilla al señalar que la carta vigente había perdido legitimidad, se había vuelto disfuncional y era propensa a impedir la integración democrática de ciertos sectores poblacionales. Y es que no dejaba de ser visible el hecho de que la constitución vigente había arropado todos los intentos de paz anteriores sin que la guerrilla hubiera dejado de aprovecharlos para reacondicionarse militarmente. Como no dejaría de mostrarlo ese especial antecedente de Pastrana que les permitiría a las Farc, gracias a un pie de fuerza de 16 000 hombres armados distribuidos en 67 frentes a lo largo de todo el país, extenderse sobre 189 municipios del territorio. (*Cambio*, 2007, nov. 29). Un precedente sin duda añorado a comienzos de 2012 por el jefe máximo de las Farc, Timochenko, cuando en su carta a Santos le pedía "retomar la agenda que quedó pendiente en el Caguán" como efecto de las políticas de seguridad de Uribe. Un tácito reconocimiento de que a partir de este último el Estado había recompuesto su capacidad militar frente a la guerrilla.

En todo caso para las Farc era de suma importancia recomponer tanto la capacidad como la imagen política perdidas bajo Uribe.

De ahí sus pretensiones en torno a una nueva constituyente y la extraña exigencia de aplazar las elecciones fijadas para el 2014 como forma de evitar su contaminación por las "aspiraciones electorales de índole personal". (*El Tiempo*, 2013, jul.2). O, peor aún, su demanda de unas elecciones populares para fiscal, contralor, procurador y defensor del pueblo, junto a dos extrañas propuestas: convertir la Cámara de Representantes en una cámara territorial y modificar el carácter presidencialista vigente en el sistema político del país. (*Ibíd.*). Exigencias estas que quizás trataban de mimetizar su progresivo debilitamiento militar y político, tal como había sido puesto en evidencia por el Centro de Información e Inteligencia de la Policía Nacional al señalar que la guerrilla había "dejado de ser una amenaza que pueda desestabilizar al Estado". (*Semana*, 2013, jun. 3). En efecto, no dejaba de ser visible el hecho de una guerrilla disminuida por los ocho años de Uribe y por un Estado cada vez más fortalecido desde entonces. De ahí que sus exigencias para "fundar un verdadero Estado de derecho" y lograr "la refundación de la patria", todo ello dentro de una Constitución concebida "como un verdadero tratado de paz", tuvieran un mínimo alcance político. Tal como lo revelaban dos encuestas de opinión pública: una, en la que el ochenta por ciento de los consultados se oponían a la participación de las Farc en política (*El Tiempo*, 2013, jul. 7); la otra, en la que solo un cuatro por ciento favorecía sus planteamientos. (*El Espectador,* 2013, jul. 7). Todo un contraste con el Estado que junto a sus logradas acciones militares antisubversivas, recibía cada vez más apoyo del Congreso y de la opinión pública en torno a una justicia transicional concentrada en investigar y juzgar a los máximos responsables de crímenes de guerra, de lesa humanidad y genocidio. Marco judicial en el que el Estado renunciaba a la persecución de delitos y responsables no seleccionados, siempre y cuando el grupo armado se desmovilizara en su conjunto, liberara a los secuestrados y contribuyera a la verdad y la reparación de las víctimas.

De modo que lo que se buscaba cimentar era un nuevo orden procesal bajo los siguientes términos: a) enjuiciamiento penal; b) reconocimiento de las víctimas; c) búsqueda de la verdad; c) reparación integral; d) garantías de no repetición; e) reformas institucionales para tratar las violaciones cometidas por los agentes del Estado. (De la Calle, 2013, may. 19). Un orden que en el específico caso de los derechos de las víctimas afectadas por paramilitares, guerrilla, bandas criminales y el mismo Estado, apelaba a una cobertura por vía administrativa según lo dispuesto por la Corte Constitucional en mayo de 2013. Gran avance, sin duda, frente a las tradicionales medidas de amnistía e indulto carentes de formas de integración social dentro de principios tales como la verdad, la justicia y la reparación. Y, también, frente a las formas retributivas basadas exclusivamente en la pena ya que se apoyaba en modelos restaurativos cuyos aspectos como la verdad, la reparación y la no repetición, permitían darle un nuevo sentido al castigo.

Una nueva justicia transicional que desde el Estado recibiría cuatro importantes apoyos. Del presidente Santos, siempre y cuando se respetaran "principios como los de justicia, verdad y reparación (y se facilite) el proceso para que se incorporen los que hoy están en armas." (*Semana*, 2013, may. 13). De Humberto de la Calle, para quien en instancias como las del enjuiciamiento penal, ofrecía esquemas más amplios que los de la amnistía y el indulto en cuanto al "reconocimiento de las víctimas, la búsqueda de la verdad, la reparación integral, las garantías de no repetición" y las violaciones de la ley por parte de los agentes del Estado. (*El Tiempo*, 2013, may. 19). Del fiscal general Eduardo Montealegre, para quien como justicia restaurativa basada en la verdad, la reparación y la garantía de no repetición, ganaba cada vez más terreno frente a una justicia retributiva fundamentada en el castigo. Y, finalmente, del Alto Comisionado para la Paz, Sergio Jaramillo, para quien las conversaciones debían asentarse sobre una fase transicional de construcción de paz que abarcara el máximo de violaciones cometidas, argumentos respaldados de hecho por casos como el conflicto interno de El Salvador donde frente al asesinato por los militares de novecientas personas en 1981, la Corte Interamericana llegaría a reconocer la posibilidad de "aplicar amnistías condicionadas y penas alternativas". (*Semana*, 2013, may. 13). Pero sometidos sin duda a rechazos desde la contra-argumentación de ser una forma de justicia que por limitarse a determinados rangos de ejecución y tipos de delito, terminaba por dejar fuera de la ley un sinnúmero de transgresiones. Impugnación a todas luces ajena a la impunidad factual de 350 000 casos punibles denunciados sobre los cuales se irían 99 años dictando sentencias.

Mientras tanto, la demanda de la Comisión Colombiana de Juristas contra el acto legislativo creador del Marco Jurídico para la Paz, sería atendida el 25 de julio de 2013 por la Corte Constitucional. Un resonante foro con la participación del presidente de la república, el fiscal, el procurador, el presidente del Congreso, además de juristas, académicos y representantes de las víctimas del conflicto armado. Y en el cual hubo 29 intervenciones, 17 respaldando la reforma constitucional orientada a sentar las bases de la justicia transicional y doce en contra. En especial dos argumentos a favor destacables: a) la necesidad de un marco legal no maximalista, ya que frente a un conflicto de cincuenta años no es posible investigar a todos los responsables de crímenes de guerra y de delitos de lesa humanidad; b) el hecho de que pese a las prohibiciones para amnistiar e indultar violaciones de derechos humanos, ya existen normas internacionales que avalan procesos de paz con políticas especiales para la reparación de las víctimas. Argumentos en contra, uno en especial: que la acción penal concentrada en las cabezas de los grupos armados anima la impunidad al dejar fuera de investigación y castigo a los subalternos violadores de derechos humanos.

Dicho foro coincidía con los ocho años de la Ley de Justicia y Paz, reglamentaria de la desmovilización paramilitar bajo el gobierno de Uribe. Una fallida experiencia de juzgamiento pese a los 39 546 crímenes confesados por los paramilitares y una compulsa de copias contra 14 897 implicados (12 081 paramilitares, 1215 políticos, 1124 miembros de la Fuerza Pública). Y que ahora buscaba ser legalmente aplicable a las Farc bajo el Marco para la Paz y dentro de las siguientes condiciones: 1) desarme, desarticulación completa del grupo armado y desmantelamiento de todas sus formas de financiación; 2) investigación y juzgamiento de crímenes que sean graves violaciones a los derechos humanos; 3) El concepto de "máximo responsable" no excluye que el Estado pueda investigar a otros perpetradores; 4) las medidas de Justicia Transicional solo podrán aplicarse si el grupo armado cumple con todas las condiciones estipuladas en la ley. Pero, sobre todo, un foro previo al fallo que la Corte Constitucional debía emitir un mes después, en agosto de 2013, sobre la ponencia del magistrado Jorge Pretelt en la que se declaraba exequible el Marco Jurídico para la Paz. Un marco introductorio de la Justicia Transicional como medida excepcional para pasar del conflicto armado a la paz, según una ley estatutaria encargada de investigar y juzgar los crímenes cometidos en el conflicto armado. Pero una justicia con criterios de selección y priorización al estar concentrada en los "máximos responsables de todos los delitos que adquieran la connotación de crímenes de lesa humanidad, genocidio, o crímenes de guerra cometidos de manera sistemática." (*Semana*, 2013, jul. 29). Una ley bajo la cual el Estado puede renunciar a la persecución judicial de delitos y responsables no seleccionados, bajo la garantía de que su organización se desmovilice bajo los acuerdos de paz y contribuya a la verdad y la reparación de las víctimas. (*Ibíd*.).

Finalmente, el 28 de agosto de 2013, siete de los nueve magistrados de la Corte Constitucional le dieron aprobación al marco jurídico para la paz bajo la advertencia de que para ser aplicable "Es necesario exigir la terminación del conflicto armado respecto del grupo desmovilizado colectivamente, la entrega de las armas y la no comisión de nuevos delitos en los casos de desmovilización individual." (*El Tiempo*, 2013, ago. 29).

Declararon exequibles expresiones del marco jurídico tales como "máximos responsables" y "cometidos de manera sistemática", demandadas por la Comisión Colombiana de Juristas como sustitutivas de lo indicado por la Constitución: "máximos responsables" en lugar de todos ellos; "cometidos de manera sistemática" dejando por fuera todos los demás. Nueve días después la Corte expidió un comunicado sobre los alcances de su fallo de exequibilidad en el que aclaraba lo siguiente: "el mecanismo de suspensión total de ejecución de la pena no puede operar para los condenados como máximos responsables de los delitos de lesa humanidad, genocidio y crímenes de guerra cometidos de manera sistemática." (*El Espectador*, 2013, sep. 6). Con lo cual la recepción de beneficios jurídicos no implicaba suspender la privación efectiva de la libertad a los condenados. Aclaraciones a las que se les agregaba la de que el Marco solo era aplicable dada "la terminación del conflicto armado respecto del grupo desmovilizado colectivamente, la entrega de las armas y la no comisión de nuevos delitos en los casos de desmovilización individual" (*El Tiempo*, 2013, sep. 7), así como el hecho de que la ley estatutaria no solo tendría control constitucional previo sino que estaría sometida a compromisos internacionales respecto de los derechos humanos, el Derecho Internacional Humanitario y el Estatuto de Roma. De ahí que el Congreso quedara comprometido a reglamentar mediante leyes tanto el marco legal definitorio de los mecanismos de justicia transicional, como el acceso a la verdad, la justicia y la reparación de las víctimas. Una tarea respaldada por la Corte al señalar que "es posible modificar la estrategia de juzgamiento 'caso por caso' y en su lugar acudir a un sistema que permita agrupar las graves violaciones de derechos en 'macroprocesos' e imputarlas a sus máximos responsables". (*Semana*, 2013, sep. 2).

Consideraciones de las cuales se desentenderían las Farc ya que, como lo diría uno de sus comandantes presentes en La Habana: "cualquier normatividad que tenga que ver con el proceso de paz (…) solo puede ser producto de un acuerdo entre las partes en la mesa de diálogo." A lo cual se agregarían los calificativos de "fuera de contexto". "inconsulto", "inane para el desenvolvimiento del proceso". (*El Espectador*, 2013, sep. 1).

El nuevo ciclo del diálogo entre las partes, reiniciado el 19 de agosto, entraría de inmediato en crisis tras el levantamiento de la mesa por la guerrilla frente a las intenciones gubernamentales de refrendar el acuerdo de paz en las elecciones de 2014. Gesto respondido por el gobierno de Santos con el llamado del equipo negociador de La Habana a Bogotá, y el rechazo a la reacción de las Farc "frente a iniciativas que lo único que están buscando es acelerar la solución de este conflicto." (*El Tiempo*, 2013, ago. 24). Mini crisis esta que volvería a poner de relieve el tema no resuelto de la refrendación de los acuerdos fundamentales que dos meses atrás había enfrentado a las partes en torno a dos posibilidades: la constituyente propuesta por las Farc contra el plebiscito o la consulta popular planteados por el Gobierno, que este concretaría con la propuesta de hacer una consulta en alguna de las dos fechas electorales previstas para 2014, las presidenciales o las de Congreso. De todas maneras los diálogos serían reiniciados después de un corte de siete días justificado por las Farc como "una oportunidad para que las dos partes pudieran reflexionar". Reflexión que en el caso de Santos le permitiría insistir en la concurrencia a las urnas según dos argumentos: a) "garantizar la mayor participación posible de la sociedad colombiana de cara a un escenario de terminación del conflicto" (*El Tiempo*, 2013, ago. 25); b) ponerle límites de tiempo a los acuerdos, ya que "el tiempo y la paciencia de los colombianos se estaban agotando." Y que en el caso de las Farc reforzaría su convicción de que una Asamblea Nacional Constituyente era el mejor mecanismo para refrendar los acuerdos. Así que las Farc retornarían a la mesa del diálogo cargadas de advertencias en torno a que la refrendación de los acuerdos no podía ser resuelta desde las decisiones unilaterales del Gobierno, tal como ya lo habían hecho respecto del Marco Jurídico para la Paz, un día antes del fallo de la Corte Constitucional, bajo el reto siguiente: "debe quedar claro de una vez por todas que no habrá sometimiento de las Farc a ningún marco jurídico con diseños unilaterales". (*El Tiempo*, 2013, ago. 27). Así que a partir del décimo cuarto ciclo de conversaciones y aún en el tema de la participación política, el diálogo de paz sería retomado bajo las optimistas palabras de Humberto de la Calle: "Vamos a reiniciar las conversaciones con un impulso a fondo, en especial sobre los temas críticos. Yo creo que estamos llegando al momento de la toma de decisiones". (*El Tiempo*, 2013, sep. 9).

Un momento de realismo sobre el cual el presidente no dejaría de hacer la cruda advertencia de que las Farc no se van a desmovilizar "sin que nadie les haya dado ningún tipo de garantía para que puedan participar en política. Uno tiene que ponerse en los zapatos de la contraparte. (*El Espectador*, 2013, sep. 7). Y, sobre todo a partir del hecho de que "la justicia no sea un obstáculo para la paz" tal como lo propondría en la Asamblea General de las Naciones Unidas por reunirse en Nueva York a finales de septiembre. (*El Espectador*, 2013, sep. 14). La posición de Santos era pues tajante en términos de la apertura política a una guerrilla desmovilizada: "¡Es que de eso se trata la paz! Se trata de cambiar las balas por los votos y de que quienes tomen esa decisión tengan garantías para participar en la democracia." (*Ibíd.*). Lograr, en fin, que la justicia ceda un poco para que la paz se haga posible, concluiría el presidente.

En cuanto al ELN, ya en agosto 28 de 2013, el mismo día de la aprobación por la Corte Constitucional del Marco Jurídico para la Paz, el presidente Santos había confirmado que su Gobierno estaba "listo" para iniciar conversaciones de paz con los insurgentes.

Una puerta finalmente abierta gracias a la liberación del canadiense Gernot Wober secuestrado por la guerrilla y que, como "paso en la dirección correcta" según el Gobierno, había facilitado los acercamientos pedidos varias veces por los insurgentes. Un ELN cada vez menos protagonista de la lucha armada y cuya supervivencia dependía de tres fuentes de financiación: cultivos ilícitos, narcotráfico y extorsión a empresas de minas y petróleos. Además de acciones tales como secuestros, atentados a los oleoductos y cierre de tramos de algunas carreteras. Y que, según el ministerio de Defensa, había pasado de cuatro mil combatientes en 2002 a menos de 1500 en 2012 hasta el punto de que Santos les hubiera pedido ser "realistas" frente a sus amenazas de que eran una "fuerza político-militar con capacidad de asestar golpes contundentes a las Fuerzas Armadas gubernamentales" y mantener la lucha armada. (*El Espectador*, 2013, jul. 7). Presunciones por lo demás cuestionadas poco después por un fuerte autogolpe: la deserción de treinta milicianos del Frente de Guerra Noroccidental en el departamento del Cauca, desilusionados con la guerrilla. No obstante, gracias a sus alianzas con las Farc en el departamento de Arauca, el ELN lograría golpear duramente al Ejército con una emboscada en la que caerían catorce de sus miembros. Alianzas bajo las cuales Timochenko terminaría mediando a favor de los elenos al pedirle al Gobierno incorporarlos en las conversaciones de paz. Mediaciones estas a las cuales se agregarían poco después las de la Iglesia católica, el Cinep, Redepaz y la Universidad Javeriana, hasta el punto de que los elenos se sintieran alentados a plantear exigencias inaceptables: a) no ponerles límites de tiempo a las eventuales conversaciones por ser algo "pernicioso y atentatorio contra el éxito del proceso de paz"; b) "discutir los grandes problemas económicos, políticos y sociales que originaron el conflicto". (*El Tiempo*, 2013, nov. 1). Exigencias sin duda desproporcionadas por parte de una guerrilla cuya influencia se limitaba a tres departamentos del país y muy dependiente del narcotráfico y el secuestro. Y que solo veinticuatro días después una operación conjunta del Ejército, la Fuerza Aérea y la Armada les asestaría un duro golpe: diez guerrilleros muertos y dos capturados. (*El Tiempo*, 2013, nov. 25).

EPÍLOGO

La Corte Constitucional le abriría al país las puertas de la paz al declarar exequible el marco jurídico dentro del cual la justicia transicional debía encargarse del tratamiento de una violencia que, como la colombiana, ya sobrepasaba los cincuenta años. Justicia transicional cuyo balance entre paz y justicia desde estrategias distintas al juzgamiento "caso por caso", permitiría "agrupar las graves violaciones de derechos humanos en macro-procesos" sin dejar de sancionar a sus máximos responsables. (*Semana*, 2013, sep. 2). Una justicia que centrada en los delitos de lesa humanidad, genocidio y crímenes de guerra "cometidos de manera sistemática" por las Farc, establecía que estas funcionaban con jerarquías militares responsables de lo que los guerrilleros hacían. De ahí que sus jefes máximos condenados por dichas violaciones debieran responder ante la justicia. Conclusión que llevaría a Luis Moreno, ex fiscal jefe de la Corte Penal Internacional, a declarar: "La verdad es que no hay ningún caso como el de Colombia: ningún país del mundo está haciendo tanto en materia de justicia transicional." (*El Tiempo*, 2013, sep. 15). Un reconocimiento que le sería extendido al país con motivo de la presencia del presidente Santos en el pleno de las Naciones Unidas, en Nueva York, donde presentaría el modelo de justicia transicional aplicable a la guerrilla como fruto de las negociaciones de paz. Y ante el cual, bajo el principio de que "no se trata de sacrificar la justicia para lograr la paz sino de cómo lograr la paz con un máximo de justicia", defendería la autonomía jurídica del país para modelar su posconflicto. Visita esta extendida a la sede de la Corte Penal Internacional (CPI) con el fin de aclarar el malentendido que había llevado a su fiscal, Fatou Bensouda, a cuestionar los alcances de la justicia transicional por aplicar en el caso colombiano. En efecto, y según lo declarado por el mismo Santos, la fiscal le aclararía que su carta enviada a la Corte Constitucional colombiana había sido malinterpretada ya que ella no dejaba de respetar "la autonomía (colombiana) para proceder en la dirección que consideráramos conveniente" (*Ibíd.*). Una dirección sin duda distinta a la pretendida por las Farc al presentar alternativas tan estrambóticas como las de detención domiciliaria, brazalete electrónico y reclusión en establecimientos especiales para los guerrilleros condenados por la justicia.

Pero las exigencias de la guerrilla en el caso de su desmovilización no parecían tener límites: curules para el Congreso, las Asambleas y los Concejos; financiamiento por el Estado de medios de comunicación (prensa escrita y canales de televisión); sustitución de la Cámara de Representantes por una Cámara Territorial, todo ello complementado con el singular raciocinio del comandante Pablo Catatumbo: "Al no haber vencedor ni vencido y no habiendo concluido aún el conflicto porque el Estado por decisión del Gobierno que lo representa no lo quiere, es entonces el Estado el mayor responsable por las consecuencias de la contienda." De ahí la demanda de una comisión internacional que se hiciera presente en el país para fijar la responsabilidad en el conflicto del "bipartidismo, los medios de comunicación, la Iglesia, las potencias extranjeras, los latifundistas, los empresarios y el sector financiero". (*Semana*, 2013, ago. 12). Y como corolario, una suma de nuevas y demenciales exigencias: abolición del presidencialismo; elección popular de procurador, fiscal, contralor y defensor del pueblo; estatuto de la oposición; reforma del sistema político, electoral y de partidos; reestructuración de las Fuerzas Militares y la Policía.

La ronda de conversaciones número catorce concluida el 20 de septiembre de 2013, presentaba el inquietante balance de doce meses de conversaciones con solo un acuerdo parcial en el primero de los seis puntos de la agenda pactada. Y la repetitiva exigencia de la guerrilla de refrendar los acuerdos de paz mediante una constituyente, pese a la promesa hecha por "Andrés París" de que tal demanda no era un "inamovible", que "impidiera la marcha del proceso de paz". (*El Tiempo*, 2013, jul. 7). Algo no obstante revivido por las Farc al invitar a La Habana a una delegación del Congreso para escuchar "nuestros puntos de vista sobre lo que debe ser la refrendación del acuerdo de paz". (*El Espectador*, 2013, sep. 14). Con el rechazo del jefe de la delegación oficial, Humberto de la Calle, en los términos siguientes:

Esta semana cumplimos once meses desde la cita de Oslo que fue la instalación formal de estas conversaciones. Ni las Farc ni nadie puede decir que estamos atropellando las cosas; al contrario, está a la vista que falta eficacia en estas conversaciones. (*El Tiempo,* 2013, sep. 20).

Así sería como la refrendación de los acuerdos volvería a enfrentar al Estado y la guerrilla en dos posiciones antagónicas: los decretos con fuerza de ley del Gobierno, expuestos a votación popular en las siguientes elecciones parlamentarias o presidenciales de 2014; la asamblea nacional constituyente esgrimida por las Farc como garante supremo de los acuerdos establecidos. Tiempos y garantías claramente distintos dado que en el caso del Gobierno lo esperado era llegar a un acuerdo "de manera expedita y en el menor tiempo posible". Mientras que para la guerrilla sus cálculos estaban fijados en la asamblea nacional constituyente como refrendadora de los acuerdos de paz, y en quitarse de encima el Marco Jurídico para la Paz. De tal modo que el comunicado conjunto de la ronda catorce de las conversaciones no podía ir más allá del escueto reporte sobre "avances" en la redacción de "mecanismos de participación ciudadana y diálogo social", y la continuidad de las discusiones para fortalecer a las organizaciones y movimientos sociales. Un tema este surtido por abstractas consideraciones sobre el fortalecimiento de las organizaciones y movimientos sociales en lo que Humberto de la Calle denunciaría como "exceso de retórica de las Farc" y "falta de eficacia en estas conversaciones". (*Semana*, 2013, sep. 23). Pero, en todo caso, aprovechadas por la guerrilla para sacar a flote sus reiterativos rechazos y acusaciones en torno a dos aspectos principales: el Marco Jurídico para la Paz considerado como "un enorme estorbo" para los acuerdos; la refrendación electoral de los acuerdos como una inaceptable iniciativa unilateral del Gobierno. Una ronda despedida bajo recriminaciones de uno y otro lado: desde el Gobierno bajo la consideración de que tras de doce meses de conversaciones solo se había logrado un acuerdo parcial en el primero de los seis puntos de la agenda pactada; desde la guerrilla con un llamado de Iván Márquez a respetar "la bilateralidad" como forma de comunicación indispensable "que entregue confianza para seguir adelante." (*El Tiempo*, 2013, sep. 20). Reclamo adobado desde las montañas por Timochenko al denunciar "una grande ofensiva discursiva y mediática" del Gobierno contra las Farc frente a lo que estaba ocurriendo en La Habana. (*El Tiempo*, 2013, sep. 6). Y disminuido por el presidente Santos al pedir coloquialmente que "no le paren bolas a lo que se dice por fuera de la mesa".

De todas maneras las conversaciones sobre los temas de tierras y desarrollo agrario no dejarían de ser valoradas por ambas delegaciones. En especial por las Farc al resaltar el alcance de "instrumentos que harán más cercana la posibilidad de un acuerdo en función de la justicia y la reconciliación colombiana." (*El Espectador*, 2013, oct. 4). Y de los cuales destacaban la importancia del fondo de tierras, la actualización del catastro, el cierre de frontera para proteger el medio ambiente, los estímulos para fortalecer la economía solidaria en términos de asistencia técnica, crédito, mercadeo y formalización laboral. Aprobaciones estas contrastadas con sus rechazos a propósito de la participación política dado que en este tema, según la guerrilla, el Gobierno buscaba imponerle dos hechos inaceptables: el Marco Jurídico para la Paz, ese "enorme estorbo" para la reincorporación a la vida civil de los levantados en armas al exponerlos a una vida tras las rejas; la refrendación de los acuerdos a través de las próximas elecciones legislativas, dejando por fuera las alternativas presentadas por la guerrilla. Dos condiciones que en lugar de concertar habían roto la "confianza para seguir adelante" (*Semana*, 2013, sep. 23) según el "Primer informe sobre el estado de las conversaciones de paz" presentado por las Farc el 3 de octubre, comienzo de la quinceava ronda de negociaciones. Pero un diálogo de igual modo decepcionante para el Gobierno, tal como lo revelaban las palabras de Santos en un acto frente a los legisladores de su propio partido: "necesitamos avanzar, llegar a acuerdos, no podemos seguir posponiendo indefinidamente las decisiones porque de otra forma el pueblo colombiano va a ir aumentando su escepticismo. (*Ibíd.*). Algo confirmado ese mismo 3 de octubre por la delegación guerrillera en la voz de Iván Márquez, al señalar que "aunque hay unas 25 cuartillas de acuerdos parciales entre las partes, los alcances son modestos". Y por los medios de opinión pública que como en el caso de *El Tiempo* harían pronunciamientos editoriales como el siguiente: "Ante la ausencia de resultados, el panorama despejado y optimista de hace un año ha dado paso a nubarrones que traen un cierto escepticismo." (*El Tiempo*, 2013, oct. 3).

Un crítico ambiente de opinión frente al cual solo siete días después, el 10 de octubre, el presidente Santos haría el sorpresivo anuncio desde la base militar de Larandia de un proyecto de ofensiva militar contra las Farc capaz de cubrir siete departamentos del sur del país. Un plan de guerra llamado "Espada de Honor" que con más de cincuenta mil hombres extendidos sobre el suroriente del país (Guaviare, Vaupés, Cundinamarca, Meta, Amazonas, Putumayo y Caquetá) tendría el reforzamiento de quince mil nuevos policías. Y que iría tras cinco de sus principales jefes: Joaquín Gómez y Fabián Ramírez, del bloque sur; Romaña y Carlos Antonio Lozada, del bloque oriental; el Paisa, de la columna Teófilo Forero. (*Semana*, 2013, oct. 14). Un esquema ofensivo que parecía mostrar cómo pese a los esfuerzos de paz vigentes en La Habana, el Gobierno mantenía en pie su respuesta militar contra los grupos ilegales. Tal como lo señalaba el presidente al decir "que entiendan que por la vía de las armas no llegarán nunca a lograr ningún objetivo", e insistir en que la presión militar se mantendría hasta el logro de acuerdos concretos en las conversaciones de paz. Y como lo ratificaba su ministro del Interior:

> Cada día avanzamos más. Este Gobierno dio de baja al número uno y al número dos de las Farc y a 47 de sus cabecillas, tarea que se consideraba casi imposible. Ni siquiera lo logró en sus períodos de Gobierno el presidente Uribe, con los buenos resultados que obtuvo en ese campo. (*El Tiempo*, 2013, oct. 13).

Posiciones las anteriores complementadas por el comandante de la Fuerza Aérea al anunciar el inicio de operaciones con aviones no tripulados, un nuevo *drone* fabricado en Colombia, con lo cual se aumentaría la capacidad ofensiva de este sector de las Fuerzas Armadas nacionales.

Así que el mensaje gubernamental no podía ser más claro: con Santos el Estado colombiano conservaba frente a las Farc la fortaleza político-militar heredada de Uribe, mientras la guerrilla había perdido la fortaleza obtenida gracias a la zona de despeje del gobierno de Pastrana. Es decir, que aun cuando los ocho años de Uribe no habían logrado la prometida "liquidación" de la guerrilla, sí le habían permitido entregársela a Santos notablemente disminuida tanto en lo político como en lo militar.

No obstante, tras doce meses de diálogo y al final de la ronda quince de conversaciones, el Gobierno les recordaría a las Farc su compromiso de concluir "los puntos de la agenda de manera expedita y en el menor tiempo posible". (*Ibíd.*). Un cierre de ronda sin comunicado conjunto como en las ocasiones anteriores y en el que la guerrilla se haría notar de dos maneras diferentes: a) con actos bélicos que según el presidente Santos eran "acciones terroristas de las Farc que solo afectaban a la población civil" (*El Tiempo*, 2013, oct. 14); b) con pronunciamientos desde La Habana en los que señalaba "avances importantes" al lograr "un promedio de cuartilla y media diaria", algo que debía ser apreciado "como un hecho positivo en la perspectiva del acuerdo". (*El Tiempo*, 2013, oct. 13). Una combinación de balazos y cuartillas que mostraban hasta qué punto el interés de las Farc se centraba más en las conversaciones mismas que en sus propios resultados. Una tregua sobrepuesta a lo que ya eran once años de duros enfrentamientos con un Estado cada vez más fortalecido. Y una oportunidad para tratar de resolver bajo el amparo de las conversaciones en La Habana, las crecientes divergencias entre las líneas dura y blanda dentro de la guerrilla. En cuanto al Gobierno, el horizonte de los diálogos de paz era igualmente complejo pese a las tranquilizantes palabras de Santos: "yo pensé que en un año podíamos terminar los puntos de la agenda que convinimos. No ha sido así, pero estamos evacuando los puntos y estamos avanzando". (*El Tiempo*, 2013, oct. 20). Optimista visión que le permitiría sugerir la posibilidad de un receso de fin de año siempre y cuando culminaran los dos puntos centrales aún en discusión: el agrario, sobre el cual se habían logrado algunos acuerdos, y el de participación política que no había podido avanzar pese a cuatro meses de conversaciones. Sugerencia esta criticada por la revista *Semana* ya que un receso podría hacer del diálogo un "rehén del proceso electoral", al convertir las elecciones "en un plebiscito sobre si retomar o no" el diálogo de La Habana. (*Semana*, 2013, oct. 21).

En todo caso, próximos ya al año de conversaciones y ante la cercanía de las elecciones parlamentarias y presidenciales, el proceso de diálogo se ha visto sometido a un duro corte de cuentas sobre sus alcances y realizaciones. Algo de enorme importancia tanto para el presidente y su proyecto de reelección inmediata, como para una guerrilla a la que la continuidad de la guerra y la búsqueda de la paz se le han vuelto un duro dilema por resolver en los últimos años. Por el momento, y en términos estrictamente políticos, ambas partes necesitan hacer de la paz una razón lo suficientemente amplia e integradora para consolidar sus respectivas bases de apoyo político y social. Santos, para mostrarle a la sociedad colombiana, en su reelección, haber sido el único mandatario en sellar con un posconflicto cincuenta años de guerra. Timochenko, para demostrar que la batalla de la izquierda revolucionaria colombiana no partía de la demolición del Estado burgués, mientras este aceptara reformas en profundidad. Así que, pese a los anuncios pesimistas sobre la ruptura definitiva de las conversaciones, el 23 de octubre de 2013 se iniciaría un nuevo ciclo de diálogo encargado de definir los cuatro puntos y 18 subpuntos que aún quedaban pendientes. Compromiso sellado por el presidente al pedirle a sus comisionados "avanzar, avanzar y avanzar en resultados", y por el comandante de la guerrilla al asegurar la disposición de sus subalternos para dar los mayores resultados posibles. Expresiones públicas que sin duda revelan la posibilidad de sellar compromisos gracias a una coyuntura en especial favorable: la coincidencia de los dos jefes antagonistas, Santos y Timochenko, en reconocer que están frente al momento y tipo de paz buscados. Una paz que le abra la puerta a un posconflicto encargado de asegurar, por fin, el cumplimiento de ese contrato social hecho y deshecho según las sucesivas y cambiantes perspectivas de las guerras internas. Pero, sobre todo, una paz que en términos políticos concretos pueda permitirle, tanto al uno como al otro, afirmar una gobernabilidad ya no basada en el exterminio del contrincante sino en su integración social. Así que, pese a sus diferentes y aun opuestas posiciones, Santos y Timochenko no dejarían de compartir un destino común en términos de los beneficios que la paz les podría proporcionar a sus muy diferentes proyectos políticos. Y en términos de los daños que recibirían en el caso de que los enemigos de esa paz lograran echarla abajo. De ahí que, en consecuencia, el proceso de paz se haya mantenido dentro de un derrotero común en el que el Estado y la guerrilla evitan las posiciones inapelables así no dejen de insistir en la necesidad de tenerlas en cuenta. Tal como ha ocurrido con la refrendación de los acuerdos y las dos opciones en disputa: las Farc al exigir que los acuerdos sean refrendados por una asamblea nacional constituyente; el Gobierno al fijar las próximas elecciones legislativas de 2014 como el escenario de tal cometido. Exigencias sometidas a duras críticas como las del analista alemán Mathías Herdegen sobre la guerrilla, en el sentido de que su petición de una nueva constituyente era tanto como demoler un edificio con plena vigencia para levantar "una nueva habitación constitucional con un diseño desconocido". (*El Espectador*, 2013, oct. 27). No obstante, más allá de los desacuerdos conceptuales entre quienes poco antes solo recurrían al lenguaje de las armas, no dejaba de ser relevante el hecho mismo de que tanto Santos como Timochenko coincidieran en que la paz no solo era socialmente necesaria sino políticamente alcanzable. Consideración esta desde la cual ambos líderes trataban de conjurar las malas artes de quienes preferían la guerra a la paz y criticaban la mesa de negociación de La Habana como si esta debiera regirse por las reglas propias de una junta de gerentes.

De todas maneras el desempeño de las negociaciones no dejaba de ser insatisfactorio tal como lo mostraban las mutuas recriminaciones en torno a los pocos avances logrados en un año de diálogo en La Habana, próximos a cumplir dos semanas después el 19 de noviembre de 2013. Reclamos del Estado por la deliberada lentitud de las Farc en el desarrollo de los temas y de estas por los afanes legislativos y electorales del Gobierno de cara a las próximas elecciones para Congreso y Presidencia de la República. Un año que, en todo caso, solo dejaba un acuerdo parcial de tierras y que para culminar el tema de la participación política se veía forzado a ampliar los ciclos de diálogo y acortar los períodos de receso. Una situación que, en fin, llevaría al presidente a decir lo siguiente en una alocución televisada desde la Casa de Nariño:

> Se ha hablado de romper las conversaciones o de hacer una pausa: No lo vamos a hacer. (…) Lo importante, lo realmente importante, es que estamos logrando resultados, acuerdos concretos, en la mesa de conversaciones, y ese progreso nos permite mantener la esperanza de que vamos a llegar a puerto seguro, al puerto de la paz. (*El Tiempo*, 2013, nov. 7).

Claro pronunciamiento sobre la continuidad de las negociaciones de paz aun en medio del debate electoral para elegir Congreso y presidente de la República en el primer semestre de 2014. Y que se reflejaría de inmediato en un nuevo convenio, el más profundo y de mayor alcance dentro de la agenda de participación política, en el que se creaba la figura de las "curules transitorias" en la Cámara de Representantes para los departamentos más golpeados por el conflicto armado. Unas circunscripciones territoriales de paz que según Humberto de la Calle, no buscan fomentar la representación de movimientos surgidos de las Farc sino

(…) aumentar en forma transitoria la presencia en la Cámara de Representantes de aquellos territorios que por razón del conflicto se han visto marginados del sistema representativo. (Algo) a la manera de círculos electorales dentro de los departamentos para que se elijan representantes adicionales. (*El Espectador*, 2013, nov. 10).

Pero lo más importante es que con este último convenio como culminación del punto dos de la agenda, las partes anuncian "una apertura democrática en el marco del fin del conflicto" desde donde se llegaría al gran acuerdo final para "la dejación de armas y la proscripción de la violencia como método de acción política". (*Semana*, 2013, nov. 11). Apertura que compromete al Gobierno a presentar un estatuto de la oposición para darle cabida y reconocimiento a las organizaciones orientadas a hacer de la política una forma de transformación social. Y, además de esto, darles cabida a las "circunscripciones territoriales de paz" como formas para aumentar transitoriamente la presencia en la Cámara de Representantes de "aquellos territorios que por razón del conflicto se han visto marginados del sistema representativo". (*El Espectador*, 2013, nov. 10). De todas maneras no deja de ser notable el esfuerzo y la capacidad de los contendores para resolver un atasco como el que acaba de presentarse en las negociaciones de Cuba. Y es que desde ambos lados tanto Santos como Timochenko han sabido advertir y neutralizar las pulsiones de fuerza que desde sus propias líneas contrarían la búsqueda de un acuerdo de convivencia. Un acuerdo este no solo frágil en cuanto a la real capacidad y voluntad de paz de los contendores, sino frente a la credibilidad concedida por amplios sectores de la opinión pública a los versátiles manejos del proceso de paz. Tal como lo acaba de expresar una reciente encuesta de la Universidad de los Andes y el Barómetro de las Américas: un 54% de apoyo a la salida negociada, un 76% de rechazo a que los guerrilleros desmovilizados participen en política. (*Semana*, 2013, nov. 11).

¿Dónde podría estar la paz, entonces? Una pregunta de difícil resolución en la medida en que, pese a la explícita voluntad de diálogo, los dos contrincantes se ven obligados a lidiar dentro de sus propias filas con voluntades internas empeñadas en la liquidación física del enemigo. Algo visible en las Farc con sus frentes 7, 27 y 57 y la columna móvil "Teófilo Forero" conformada por al menos 220 hombres que se mueven en los departamentos de Huila y Caquetá, sedes de un narcotráfico asociado con los carteles mexicanos. Columna esta comandada por alias el Paisa, miembro del Estado Mayor de las Farc y muy representativa de las dependencias de la guerrilla respecto del narcotráfico, la minería ilegal, las extorsiones y el secuestro. Todo un lastre para el proyecto de desmovilización guerrillera dado el estatus bélico de estos combatientes "respetados e incluso venerados" en sus comunidades, y naturalmente reacios a convertirse en agricultores o en guardias de seguridad del régimen que antes combatían. Pero una oposición también visible en importantes y amplios sectores del establecimiento político-social, reacio a una paz vista como simple concesión a la guerrilla. De todas maneras ahí estaban, pese a todas las dificultades, 16 ciclos de negociación culminados hasta el punto de darle cuerpo final a las negociaciones sobre los temas agrario y de participación política. Un logro a partir del cual Santos anunciaría la búsqueda de la reelección presidencial en 2004 para darle buen término a su prometida tarea de paz ya que, según sus palabras: "la guerrilla no solo ha aceptado discutir la desmovilización, la integración a la sociedad y la dejación de las armas, sino que ha aceptado acogerse a las reglas de la democracia". Compromisos estos que, según el Gobierno, deberían refrendarse en las siguientes elecciones generales para Congreso y Presidencia de la república, con el fin de darles la mayor legitimidad posible. Ya a partir de este momento se iniciarían las conversaciones encargadas de tratar uno de los temas cargados de mayores expectativas: el del narcotráfico. Ciclo este, el número 17, que bajo el nombre de "Solución al problema de las drogas ilícitas", incluiría a dos mujeres como parte del equipo negociador de La Habana: María Paulina Riveros, especialista en sustitución de cultivos ilícitos, atención a víctimas y asuntos territoriales, y Nigeria Rentería, asesora en temas de género.

Dicho equipo anunciado por De la Calle como aporte para la búsqueda de acuerdos sobre "un campo y una Colombia sin coca", sería recibido por Iván Márquez con el anuncio de un debate para legalizar las drogas ilícitas ya que, según él, el narcotráfico había terminado por convertirse en una "excusa para el intervencionismo de potencias extranjeras en el conflicto interno colombiano". (*El Espectador*, 2013, nov. 29). Así se llegaría a uno de los temas más difíciles de las conversaciones de paz dado el previsible interés de la guerrilla por mimetizar el alto valor que el narcotráfico había alcanzado en el conjunto de su economía de guerra. En efecto, del papel complementario que en un comienzo habían tenido los cultivos ilícitos en las parcelas campesinas, las Farc habían pasado a producir la pasta de coca y a participar en el tráfico mismo de la droga al proteger las pistas y rutas del narcotráfico. Un importante lugar actual dentro de una cadena delictiva en la que las Farc habían empezado como un simple eslabón bajo la forma del "campesinado ilícito" y que ahora buscaban proteger con su demanda de legalización. Así que su defensa de "consumidores o campesinos" como "los eslabones más débiles de la cadena (…) porque los principales beneficiados de ese negocio ilegal son los emporios financieros del mundo" (*Ibíd.*), terminaba siendo una extraña petición de igualdad de oportunidades para delinquir en el vasto campo de las drogas ilícitas.

En todo caso los inicios del tema tres sobre el narcotráfico habían coincidido con la inscripción oficial de Juan Manuel Santos

174

como candidato a la reelección presidencial. Una candidatura que favorecida por los resultados de las primeras mediciones de encuestas mostraba estar tan fuertemente ligada a las expectativas de paz que dos de cada tres colombianos querían que Santos, como favorito de las próximas elecciones, continuara los diálogos de paz. En efecto, el 62% de los encuestados se inclinaba a favor de continuar las conversaciones y buscar una solución negociada, mientras que un 31% apoyaba una solución militar para resolver el conflicto. Ahora bien, y ya en términos de la guerrilla ¿qué podría decirse de sus visiones y formas de manejo del conflicto? Lo cierto es que como ya se ha dicho, las Farc han estado viviendo notables contradicciones entre un sector favorable a los acuerdos de paz y otro defensor del mantenimiento de la guerra. Una situación en la que junto a sus cada vez más restringidas ganancias bélicas, se viene abriendo paso la idea de negociar una sobrevivencia que les permita levantar sobre la entrega de las armas un nuevo movimiento contestatario.

Este sería tal vez el sentido de su nuevo plan de doce puntos del 20 de diciembre de 2013 para una gran asamblea constituyente de 141 miembros encargada de refrendar los acuerdos y de darle paso a un "acuerdo político nacional" capaz de comprometer a todos los poderes públicos y de abrir una amplia participación social. Propuesta esta frente a la cual el jefe negociador del Gobierno, Humberto de la Calle, se permitiría señalar que "sin transmitir falsas expectativas, los resultados hasta ahora alcanzados en materia de acuerdos en la mesa de conversaciones con las Farc son importantes y esperanzadores". (*El Espectador*, 2013, dic. 21). De todas maneras lo cierto es que el final del año sería un momento de expectativas de cambio tal como lo mostraría el fiscal general de la nación, Eduardo Montealegre, al señalar: "siempre he creído en la voluntad de las Farc para lograr una solución negociada del conflicto armado. Después de cincuenta años de violencia, veo que hay una voluntad real de las Farc". Para concluir diciendo que no entendía los diálogos "ni como una claudicación de las Farc, ni como un triunfo del Estado, sino como un acuerdo". (*El Tiempo*, 2013, dic. 16).

El nuevo año de 2014 se ha abierto, en fin, de cara al compromiso para resolver los tres puntos que aún faltan para completar la agenda de paz: drogas ilícitas, víctimas, desarme y desmovilización. Como resultado de los siete meses de conversaciones las partes han hecho público un informe sobre los dos primeros puntos de la agenda: el de política de desarrollo agrario integral, enteramente concluido, y el de participación política con los avances y acuerdos alcanzados entre el 11 de junio y el 6 de noviembre de 2013. El "Informe conjunto de la mesa de conversaciones entre el Gobierno de Colombia y las Fuerzas Armadas Revolucionarias de Colombia-Ejército del Pueblo, Farc-EP", promete discusiones futuras bajo "el principio de que nada está acordado hasta que todo esté acordado." ("Informe conjunto…", 2014). Premisa que le permitiría a Santos abrirle la puerta a una consulta popular ya prevista por la Carta Constitucional y que según ley de 1994 sería posible para el Gobierno "hacer una pregunta general sobre los acuerdos y a la ciudadanía dar su concepto de una forma más sencilla". (*El Tiempo*, 2014, ene. 20). "Las preguntas que se formulen al pueblo estarán redactadas en forma clara, de tal manera que puedan contestarse con un "sí" o un "no", reza el artículo 52 de la ley 134". (*Ibíd.*). A lo cual habría que agregar la ventaja de no necesitar aprobación previa del Congreso tal como era el caso del referendo cada vez más apretado por la proximidad de las elecciones legislativas de marzo y presidenciales de mayo. Una consulta popular que dotada de obligatorio cumplimiento estaba ceñida a la Constitución y al ordenamiento jurídico de modo que, tal como lo señalaba el analista León Valencia, era un mecanismo más expedito y le permitía al pueblo autorizar al Gobierno a desarrollar plenamente los acuerdos." (*Ibíd.*) Y sobre todo una consulta circunscrita con claridad a lo pactado ya que como lo diría el Gobierno a través de Humberto de la Calle, la agenda no podía ser cambiada por interpretaciones de una u otra parte ya que "las conversaciones de La Habana tienen como destino terminar el conflicto y abrir una etapa de construcción de una paz estable y duradera." (*El Tiempo*, 2014, ene. 23).

Mientras tanto, desde comienzos del año, las Fuerzas Militares han desplegado una ofensiva nacional de tal modo que en los primeros 24 días de 2014 ha podido presentarse un balance como el siguiente: 38 bajas de las Farc, 91 capturas y 54 desmovilizados. (*El Tiempo*, 2014, ene. 26). Balance que le estaba dando efectivo cumplimiento a lo señalado por el presidente Santos unos días antes:

Nuestras Fuerzas Armadas están cumpliendo la orden que le di desde el primer día. A ellos les dije que la ofensiva militar se mantiene hasta que lleguemos a unos acuerdos y como si no hubiese conversaciones en La Habana, y a los negociadores de La Habana les he dicho que aceleren las conversaciones como si en Colombia no hubiese combates. (*El Tiempo*, 2014, ene. 22).

La paz sigue estando, pues, en camino pese a las efectos de una guerra que no deja de acentuar el pesimismo colectivo frente a los diálogos, tal como lo muestra la última gran encuesta nacional de RCN Radio, RCN Televisión, La FM y la revista *Semana*: un 58% de los encuestados duda de que las negociaciones lleguen a buen término. Visión la cual se agrega el hecho de que el 67% de los encuestados está en desacuerdo con que los guerrilleros participen en política. (*Semana*, 2014, feb. 10). De todas maneras y junto a este desalentador panorama, no deja de ser visible el hecho de que frente a los candidatos a la presidencia de la República, es Juan Manuel Santos quien encabeza la favorabilidad para mantenerse por cuatro años más en la Casa de Nariño. Es decir que pese a un amplio pesimismo, se le sigue confiando a Santos la conducción de las negociaciones orientadas a alcanzar el siempre esquivo acuerdo de paz. Un Santos que, seguro de su reelección, le comunicaría al diario *El País* de España cómo se imaginaba a representantes de las Farc sentados en el Congreso de la República una vez finalizado el conflicto. (*El Tiempo*, 2014, ene. 19). Una imagen sin duda optimista frente a unas Farc capaces de hacer exigencias tan disparatadas como la de desmilitarizar las zonas de cultivos ilícitos bajo dominio de la guerrilla, ya que esta requería "garantías de seguridad para la población campesina que habita tales territorios". (*El Tiempo*, 2014, ene. 15).

Así y todo ¿qué esperar del actual proceso de conversaciones? Tal vez lo único tangible en un conflicto que como el nuestro ha logrado mantenerse por más de medio siglo, es que ninguno de los dos extremos ha podido ni logrará alcanzar una victoria militar capaz de liquidar al adversario. Un hecho que, pese a definir en buena medida el alcance y la duración de las guerras, en el caso colombiano apenas ahora empieza a servir para que los altos mandos militares y políticos de la guerrilla y del Estado colombianos arranquen una nueva proyección estratégica al conflicto colombiano. Es así como la convergencia de Santos y Timochenko para encontrarle ahora una salida política al conflicto colombiano, parte de la advertencia de que el enfrentamiento armado tiende a prolongarse de forma indefinida. Una cruda perspectiva frente a la cual los dos líderes no dejan de oponerse pese a las fuertes resistencias levantadas en sus propios campos. Es el caso de Santos, cuya reelección presidencial le permitiría profundizar unos acuerdos tras de los cuales el desarme total y definitivo de las Farc nos daría una paz duradera. Y es el caso de Timochenko al reducir al mínimo las presiones de sus frentes belicistas e imponer sus propios compromisos para reasimilarse social y políticamente una vez cumplidos los acuerdos de entrega de armas.

El ciclo de conversaciones sobre el narcotráfico llegaría a comienzos del mes de marzo de 2014 sin mayores avances y bajo un fuerte cruce de recriminaciones que llevaría a Humberto de la Calle a afirmar la negativa del Gobierno a embarcarse en "el camino absurdo (del) juego que pretenden montarnos las Farc de convertir la mesa de conversaciones en un ring de boxeo". Un áspero ambiente entre las partes morigerado a fines del mes por el anuncio del presidente Santos de renovar el Consejo Nacional de Paz inactivo desde doce años atrás, como un espacio entregado a la sociedad civil para su franca participación en las discusiones de paz entre el Gobierno y la insurgencia. Organismo este presidido por el primer mandatario y abierto a las organizaciones armadas ilegales participantes en un proceso de paz. Un oportuno acierto del Gobierno en un momento de agresivos cierres entre las partes enfrentadas en la mesa de La Habana. Y que pese a la vigencia de sus desacuerdos les permitiría a estas emitir un comunicado conjunto acerca de buscar acuerdos alrededor de medidas que involucren "a las comunidades en el diseño, ejecución, seguimiento, control y evaluación de los planes". (*El Espectador*, 2014, abr. 12). En todo caso, y tal como lo señalaba la prensa, eran muchas las expectativas abiertas frente a la posibilidad de que el ciclo de diálogos entre el Gobierno y las Farc sobre las drogas ilícitas culminara con un acuerdo. No obstante solo se había logrado elaborar un abstracto documento oficial que bajo la firma de ambas partes señalaba la necesidad de construir un proyecto conjunto que involucrara "a las comunidades en el diseño, ejecución, seguimiento, control y evaluación de los planes". (*Ibíd.*) Y la repetitiva demanda de las Farc sobre una asamblea nacional constituyente, una profunda reforma al sistema electoral y "un país para todos, verdaderamente democrático y justo". Pese a lo cual la guerrilla seguía insistiendo a mediados de mayo que en los tres puntos sobre drogas —programas de sustitución de cultivos ilícitos, programas de prevención del consumo, solución a la producción y comercialización de narcóticos— ya había acuerdos en más de un 95 %. (*El Tiempo*, 2014, may. 13).

Nueve días antes de las elecciones presidenciales el panorama electoral no podía ser más complicado, de acuerdo con la última entrega de la Gran Encuesta de los Medios realizada por Gallup para *El Espectador*, Caracol Televisión, Blu Radio y otros periódicos tales como *El Colombiano, La República, El País, El Universal* y *Vanguardia Liberal*, representativa del 97% del total de posibles votantes en Colombia. En efecto, ante la pregunta de si las elecciones fueran mañana ¿por quién votaría?, un 29,3% lo haría en favor de Oscar Iván Zuluaga, candidato de la recalcitrante lista uribista opuesta a Santos y a su proyecto de paz, mientras que el 29% lo haría por Santos. Dato este acompañado de una fuerte caída en el pesimismo de la gente, ya que el 68% de los consultados (casi diez puntos más con respecto al sondeo anterior) manifiesta que las cosas en el país van por mal camino, frente a un 24,8% que cree lo contrario. Una desfavorabilidad del jefe del Estado que según el diario llegaba a su punto más alto: el 56,2%. (*El Espectador*, 2014, may. 16). En cuanto a la encuesta realizada por *El Tiempo* y W Radio, realizada por Datexco sobre 1200 entrevistados en 31 municipios del país, el presidente Santos se impondría en la primera vuelta con el 27% mientras Zuluaga sería segundo con el 25,6%. Ya frente a la segunda vuelta y ante la pregunta de si las elecciones se realizaran mañana, la respuesta fue la siguiente: por Santos 35,9%, por Zuluaga 34,4%. Y sobre la pregunta hecha en el sentido de que independientemente del candidato por el que votarían quién, creían ellos, triunfaría en las elecciones, el 43% se mostró convencido de que sería Santos y el 28% se inclinó a favor de Zuluaga. (*El Tiempo*, 2014, may. 16). Por último, respecto de la Gran Encuesta de RCN Radio, RCN Televisión, La FM y la revista *Semana*, los resultados señalarían a Zuluaga con 29,5% y a Santos con 28,5% de votos, resultado convertido en un empate de 32% para la segunda vuelta. (*Semana*, 2014, may. 18).

Así que, en definitiva, las negociaciones entre el Gobierno y las Farc habían terminado por dividir social y políticamente al país. Cinco formaciones políticas (la Unidad Nacional de Santos, el Centro Democrático liderado por Uribe y representado por Oscar Iván Zuluaga, el Polo Democrático-Unión Patriótica de Clara López Obregón, la Alianza Verde de Enrique Peñalosa, el partido conservador bajo la orientación de Marta Lucía Ramírez) competían entre sí a partir de posiciones en las que se destacaba la radical oposición entre las dos primeras, y los esfuerzos de los tres últimos grupos cuyas últimas dos encuestas solo les daba entre un nueve y un diez por ciento de intención de voto. Una dura contienda pronto comprometida por el grave escándalo de un video publicado por la revista *Semana* en el que el candidato Zuluaga departía con Andrés Sepúlveda, reo de la Fiscalía por actividades ilegales respecto de información reservada a la seguridad del Estado, pese a sus afirmaciones de no haber "tenido mayor contacto con él". Hecho este sobre el cual se pronunciaría de la manera siguiente el expresidente César Gaviria, jefe de debate de la campaña de Santos: "la campaña de Oscar Iván Zuluaga tenía contratado un centro de fechorías y de delincuencia (…) el señor (Andrés) Sepúlveda es un delincuente internacional". (*El Tiempo*, 2014, may. 29). Y que desde otra de las campañas, la de la Alianza Verde del candidato Enrique Peñalosa, merecería el comentario siguiente: "Oscar Iván Zuluaga debe renunciar de inmediato a su candidatura y presentarse ante la justicia a responder". (*Ibíd.*). El mencionado video mostraba la relación del candidato Zuluaga y de su, en ese momento, director de la campaña, Luis Alfonso Hoyos, con el *hacker* Andrés Fernando Sepúlveda Ardila, un sujeto que según la Fiscalía hacía interceptaciones ilegales a los miembros de la mesa de negociaciones de La Habana. (*Semana*, 2014, may. 18). Y que el editorial del diario *El Tiempo* no dudaría en censurar: "Así, queda en evidencia que estrategias que desconocen los más elementales preceptos éticos surgen no de seguidores y

militantes, sino de la entraña misma de uno de los contendientes."
(*El Tiempo*, 2014, may. 19).

De modo que junto al duro clima de enfrentamiento entre las
partes aspirantes a la ya inminente sucesión presidencial, no dejaba
resaltar la satisfactoria culminación del cuarto punto de la agenda
negociadora entre el Gobierno y la guerrilla. Tal como lo mostraban las palabras de Santos al señalar que en el proceso de paz "ya
cruzamos la línea media" y se estaba frente a una dinámica en la que
se podía prever la cercanía del fin del conflicto. (*El Tiempo*, 2014,
may. 17). De ahí que se permitiera anunciar la convocatoria para
finales del mes de mayo —un día después de la primera vuelta de
las elecciones presidenciales— de la Comisión Nacional de Paz. Un
cierre del tercer punto de la agenda en el que las Farc se compro-
metían a "romper cualquier relación con el narcotráfico", algo que
implicaba el abandono de la mitad de las cincuenta mil hectáreas de
coca sembradas en el país y su efectiva contribución al desminado
de tales zonas. Conclusiones que, por lo significativas, eran celebra-
das con abierto optimismo por las partes: "tenemos una oportunidad cierta, aquí y ahora, para pactar el fin del conflicto e iniciar la
consolidación de la paz", decía Humberto de la Calle. "Este no es
un proceso de sometimiento sino un proceso que busca la solución
a medio siglo de conflicto a través de transformaciones políticas,
económicas y sociales", decía Iván Márquez. (*El Espectador*, 2014,
may. 18). Acuerdos que, en fin, serían celebrados de manera notable
en el exterior tal como lo mostraban los casos de Bo Mathiasen, representante de la Oficina contra las Drogas y el Delito de la ONU,
Ban Ki-moon, secretario general de las Naciones Unidas y José Miguel Insulsa, secretario general de la OEA. Y que, dentro del país,
sería valorado por un editorial del diario *El Tiempo* en los siguientes
términos: "el tercer acuerdo logrado con las Farc no traerá el fin
inmediato del narcotráfico, pero con esta guerrilla fuera del círculo
esa lucha tendrá mejores posibilidades." (*El Tiempo*, 2014, may. 21).

Acuerdos, los anteriores, a los cuales habría que agregar el anuncio, el 11 de junio, de un diálogo exploratorio entre el Gobierno y el ELN para "acordar una agenda de negociación" que según el presidente Santos se daría bajo las mismas condiciones de la vigente con las Farc en el exterior, "sin cese del fuego bilateral, sin despejar un milímetro del territorio" y sin discutir con la guerrilla los "fundamentos de la Constitución" "el modelo económico" o la doctrina de las Fuerzas Militares. (*El Tiempo*, 2014, jun. 11). Condiciones estas que según el jefe de Estado ratificaban el hecho de que "no puede haber dos modelos de dejación de armas, ni dos procesos de refrendación, ni dos ejercicios de esclarecimiento de la verdad."[9] Y que de todas maneras le permitiría a un ELN cada vez más debilitado (de los 4700 guerrilleros que llegó a tener quince años antes, solo contaba ahora con 1300, según el analista Camilo Echandía), incorporarse a una negociación cada vez más apreciada tanto dentro del país como fuera de él.

La primera vuelta de las elecciones del 25 de mayo para elegir presidente de la República tuvo una alta abstención del 59,93% (la mayor desde 1994 cuando alcanzó el 66,23%) y los siguientes resultados: Oscar Iván Zuluaga: 3 759 784 votos; Juan Manuel Santos: 3 300 020 votos; Marta Lucía Ramírez: 1 995 456 votos; Clara López: 1 957 463 votos; Enrique Peñalosa: 1 065 078 votos. Porcentajes del total electoral equivalentes al 29,3% para Zuluaga; 25,7% para Santos; 15,5% para Marta Lucía Ramírez; 15,2% para Clara López y 8,3% para Enrique Peñalosa. Una escasa diferencia entre los dos primeros que, en cuanto a Santos, esperaba ser superada en la segunda vuelta gracias a previsibles alianzas con el partido conservador y los sectores izquierdistas de Clara López y Enrique Peñalosa. En efecto, el presidente-candidato había logrado el respaldo

9. "Buscamos una paz integral". Palabras del presidente Juan Manuel Santos en la instalación de la Legislatura del Congreso de la República 2013-2014.

de cuarenta de los 59 congresistas conservadores actuales con la posibilidad de integrar a siete más. En cuanto a la Alianza Verde de Peñalosa, este hizo el anuncio de dejar en libertad a sus seguidores frente a la decisión del voto aun cuando recordándoles que su partido respaldaba el proceso de paz adelantado por Santos ya que la candidatura de Oscar Iván Zuluaga "nos permite vislumbrar un cuatrienio de corte totalitarista y autoritario." (*El Tiempo*, 2014, jun. 4). Apoyos estos que en el caso del Polo Democrático Alternativo, de Clara López, ex candidata presidencial de ese partido, se expresaría de la manera siguiente: "vamos a salir a hacer campaña por una Colombia en paz, no nos vamos a quedar en las constancias históricas. Vamos a salir a buscar el apoyo de los ciudadanos por lo que es nuestra más profunda convicción y es que el país necesita la paz." (*El Tiempo*, 2014, jun. 5). Y que en el caso de la izquierdista Unión Patriótica respaldaba a Santos en su proyecto de paz aunque mantenían su "oposición contra todo el resto de la política de Gobierno". (*El Tiempo*, 2014, may. 30). Finalmente la agrupación Marcha Patriótica, por boca de la exsenadora Piedad Córdoba, haría un anuncio individual en el sentido de que iba "a votar por la paz, y quien la representa en este momento es el presidente Santos" (*El Tiempo*, 2014, may. 30), a la espera de que la decisión oficial del grupo la respaldara más adelante como en efecto sucedió.

El proceso de paz, mientras tanto, se reactivaría el 30 de mayo con la instalación por el presidente de la república del Consejo Nacional de Paz, entidad constituida en febrero de 1998 por el entonces presidente Ernesto Samper y que había sesionado durante los diálogos del Caguán. La comisión ahora convocada debía, según Santos, "sintonizar a todos los sectores y a todas las regiones con este proceso y prepararnos para la fase de implementación de los acuerdos y la construcción de la verdadera paz". (*El Espectador*, 2014, may. 29). El tres de junio, en efecto, las partes empezarían a abordar el tema de las víctimas del conflicto a partir de "las graves violaciones a los derechos humanos y al derecho internacional humanitario" y el reconocimiento de su "derecho a la verdad, la justicia, la reparación y las garantías de no repetición". (*Semana*, 2014, jun. 8). Un tema este orientado según los parámetros de la justicia transicional y en el marco de los siguientes mandamientos:

1. Reconocer las víctimas del conflicto no solo en su condición de tales sino como ciudadanos con todos sus derechos.

2. Asumir la responsabilidad de cada actor frente a los hechos violentos que han dejado víctimas en el marco del conflicto.

3. Satisfacer los derechos de las víctimas bajo el reconocimiento de que estos no son negociables y son un derecho fundamental.

4. Abrir la participación de las víctimas a los diálogos de paz "por diferentes medios y en diferentes momentos".

5. Esclarecer las causas y los efectos del conflicto como "parte fundamental de la satisfacción de los derechos las víctimas y de la sociedad".

6. Proteger la vida y la integridad personal para garantizar la no re-victimización.

7. Lograr la reconciliación efectiva de los excombatientes.

8. Consolidar las reformas surgidas del acuerdo final de los diálogos como principal garantía de no repetición".

9. Garantizar desde el Estado la vigencia de los derechos y libertades fundamentales y desde la sociedad civil el respeto por los derechos de los conciudadanos.

Mandamientos todos estos considerados por el jefe de la delegación del Gobierno, Humberto de la Calle, con las palabras siguientes:

"Hoy es un día especial. Ha llegado la hora de las víctimas. Hemos dado un paso gigantesco. El proceso de La Habana no es una simple conversación cerrada sobe las hostilidades. Es, sobre todo y ante todo, un paso en el camino de la satisfacción de las víctimas de violaciones masivas de sus derechos. Esta es la única manera de lograr la verdadera paz." (*El Espectador*, 2014, jun. 8).

Y que, desde el lado de las Farc, serían vistos por Iván Márquez como una puerta abierta frente al camino de la paz: "sin verdad, no hay paz. Sin que emerja el humano sentimiento de la comprensión y el perdón, no hay paz. Hay que desterrar de los corazones la venganza y el odio." (*Ibid.*). Así, De la Calle anunciaría la creación de una Comisión Histórica del conflicto y sus víctimas (o de esclarecimiento de la verdad) con el fin de "orientar y contribuir a la discusión" acerca de cómo reparar y garantizar la no repetición de los daños ocasionados por el conflicto. Iniciativa que sería concretada a través de una comisión de víctimas que iría a La Habana a reunirse con los negociadores.

En cuanto al ambiente electoral del momento, las encuestas contratadas por los distintos medios de comunicación no mostraban claras diferencias entre los dos candidatos de cara a la segunda vuelta electoral. Los sondeos de Cifras y Conceptos, Datexco, Gallup, Centro Nacional de Consultoría, eran los siguientes: 43,4% para Santos y 38,5% para Zuluaga; 41,9% para Santos y 37,7 para Zuluaga; 48,5% para Zuluaga y 47,7 % para Santos; 46% para Santos y 44% para Zuluaga. La Gran Encuesta, nueve días antes de la segunda vuelta presidencial, última medición contratada por algunos medios de radio y televisión además de la revista *Semana*, daba el siguiente resultado: Zuluaga 49%, Santos 41%. (*Semana*, 2014, jun. 8). Escasas diferencias abiertas en la segunda y definitiva vuelta electoral según los siguientes resultados: el triunfo de Santos con un 50,94% (7 813 115 votos) frente al 45,01% de Zuluaga (6 903 813 votos). Y que en su primera alocución pública le permitiría al presidente reelecto invitar "a todos los colombianos", incluso a los que no votaron por él y sin importar de qué partido político fueran, de izquierda o de derecha, a superar las diferencias y a unirse en torno a la consolidación de la paz y el aprovechamiento de los beneficios que traerá el fin de cincuenta años de guerra. (*El Tiempo*, 2014, jun. 16).

¿Habremos entrado por fin a la historia de la paz en Colombia? Una pregunta pertinente de cara a un largo proceso histórico marcado por una interminable sucesión de enfrentamientos bélicos que, una vez resueltos, vuelven a emerger dentro de una cadena en la que el posconflicto termina por ser la incubación de una nueva contienda. Es así como la guerra y el contrato social se han convertido a lo largo de nuestra historia nacional en una sucesiva y previsible fórmula de comportamiento político mediante la cual todo fin de contienda armada es el comienzo fundacional de una nueva república. De ahí que el siempre presto recurso de la guerra termine por lo general complementado con la subsiguiente pócima del contrato social. Pero un contrato social a cuyo producto inmediato, la carta constitucional, se le ha encomendado la nunca alcanzada tarea de arbitrar las controversias ciudadanas. Con consecuencias por lo general catastróficas: guerras que nunca dan ni victorias ni pérdidas definitivas y cuyos contratos posbélicos terminan por ser unas simples e infructuosas constancias constitucionales.

La coyuntura actual es, en consecuencia, y en gran medida, incierta. La paz es sin duda el principio más deseable por el conjunto de la sociedad colombiana pero los medios para alcanzarla no dejan de ser contradictorios y en algunos e importantes casos, insinceros.

De todas maneras hacer la paz no es solo dejar de hacer la guerra sino, principalmente, construir un nuevo tipo de sociedad en el que las diferencias entre individuos y colectivos encuentren formas legales de arbitraje y satisfacción. El contrato social no es, pues, un enunciado o una fórmula mágica sino la seguridad colectiva de que las relaciones y compromisos entre los actores de la sociedad tienen un sólido fundamento institucional. Y la reinstitucionalización de nuestro país no se logra mediante la recurrente fórmula de una nueva carta constitucional para "refundar" la república, sino a través de concretos proyectos gubernamentales desde los cuales se resuelvan las desigualdades sociales y el atraso económico.

El segundo cuatrienio presidencial que se acaba de iniciar a partir de esta mitad del año 2014 reafirma, sin duda, el pragmatismo de Santos respecto de lo que él ya empieza a identificar como un cercano posconflicto. En efecto, la paz próxima a construir a partir de este momento solo tendrá la solidez y credibilidad necesarias en la medida en que la guerrilla renuncie a sus aspiraciones de poder público por la vía de la presión armada. Y en la medida en que los sectores dirigentes no hagan del Estado el baluarte particular de sus propios intereses, sino el centro arbitral del manejo y usufructo de las oportunidades políticas y socioeconómicas por parte de los diferentes grupos sociales. Solo así Colombia podrá romper el círculo vicioso de guerra y contrato social que ha enmarcado nuestra historia desde sus comienzos republicanos.

RESEÑAS BIBLIOGRÁFICAS

Aguilera Peña, Mario. (1997). *Insurgencia urbana en Bogotá. Motín, conspiración y guerra civil 1893-1895*. Bogotá: Premios Nacionales Colcultura 1996, p. 228.

Amat, Yamid. (2012, 10 de junio). Reportaje al comandante del Ejército, Sergio Mantilla. *El Tiempo*.

Aranguren Molina, Mauricio. (2001). *Mi confesión. Carlos Castaño revela sus secretos*. Bogotá: Editorial Oveja Negra.

Arias, Diego. (2012, 1 de noviembre). "Es infame querer perpetuar la guerra". *El Tiempo*.

Bejarano, Jesús Antonio. (1980). "La Economía". En *Manual de Historia de Colombia*, vol. III, Bogotá: Instituto Colombiano de Cultura, p. 47.

_____. (1987). "El despegue cafetero (1900-1928)". En José Antonio Ocampo (ed.), *Historia Económica de Colombia,* Bogotá: Fedesarrollo, Siglo XXI Editores.

Borja, Jaime Humberto. (2007). "Frente Nacional: Lleras Restrepo y Pastrana (1966-1974)". En *Gran Enciclopedia de Colombia, Historia,* t.3. Bogotá: Círculo de Lectores, p. 215.

Bushnell, David. (1996). *Colombia. Una nación a pesar de sí misma.* Bogotá: Ed. Planeta.

_____. (1966). *El régimen de Santander en la Gran Colombia*, Bogotá: Facultad de Sociología Universidad Nacional y Tercer Mundo Editores.

Cabana, Alfredo. (1985). "La gran pausa de Eduardo Santos". *Historia de Colombia,* vol. IV, Bogotá: Editorial La Oveja Negra, p. 251.

Calderón, María Teresa y Thibaud, Clément (eds.). (2006), *Las revoluciones en el mundo atlántico*, Bogotá: Universidad Externado de Colombia - Taurus.

Cambio. (1999, 17 de mayo). "La propuesta de los "paras".

_____. (2002, 11 de marzo). "Los cultivos de las Farc".

_____. (2004, 14 de junio). "El Atlas de la guerra".

_____. (2007, 29 de noviembre). "En qué están las Farc."

Castro Caycedo, Germán. (1996). *En Secreto.* Bogotá: Editorial Planeta, pp. 136-137.

Colmenares, Germán. (s.f.) *Partidos políticos y clases sociales en Colombia,* (s.e.).

Corredor Martínez, Consuelo. (1992). *Los límites de la Modernización.* Bogotá: Cinep - Universidad Nacional, p. 142.

Coyuntura de Seguridad, Informe especial: la encrucijada del ELN. (2005, enero-marzo), No. 8, Bogotá: Seguridad y Democracia, p. 56.

Cubides, Fernando. (1999). "Los paramilitares y su estrategia". En *Reconocer la guerra para construir la paz.* Bogotá: Cerec - Norma, p. 171.

De la Calle, Humberto. (2012, 12 de febrero). "Plazas Vega: cancelar el insulto", *El Espectador.*

_____. (2013, 19 de mayo). "Justicia transicional: más allá de la teoría del sapo", *El Tiempo.*

_____. (2013, 10 de noviembre). "El verdadero significado del acuerdo", *El Espectador*.

"Debates sobre la paz", intervención de Eduardo Pizarro en "Análisis histórico de los procesos de paz. El Diálogo Nacional". (1988, diciembre). Varios autores, Revista *Controversia*, No. 147-148, Bogotá: Cinep, p. 83.

Donadío, Alberto. (2007). "Gobierno de Gustavo Rojas Pinilla (1953-1958)". En *Gran Enciclopedia de Colombia, Historia*, t. 3.

Dudley, Steven. (2008). *Armas y urnas. Historia de un genocidio político*. Bogotá: Planeta.

Echandía, Camilo y Bechara, Eduardo. (2006, mayo-agosto). "Conducta de la guerrilla durante el Gobierno Uribe Vélez: de las lógicas de control territorial a las lógicas de control estratégico", *Análisis Político*, Bogotá: IEPRI, Universidad Nacional, No. 57, pp. 39-40.

El Espectador. 1991, 9 de junio.

_____. 2004, 16 de mayo.

_____. 2007, 29 de julio al 4 de agosto.

_____. 2008, 14 de mayo, p. 6.

_____. 2010, 19 de febrero.

_____. 2011, 30 de enero.

_____. 2012, 28 de abril.

_____. 2012, 15 de junio.

_____. (2012, 7 de octubre). "Las Farc y el despojo de tierra".

_____. (2013, 12 de enero). "Informe de Ideas para la Paz".

_____. (2013, 9 de junio). "Constituyente, ¿un inamovible?".

_____. 2013, 22 de junio.

_____. 2013, 23 de junio.

_____. 2013, 7 de julio.

_____. (2013, 1 de septiembre). "El nuevo laberinto para buscar la paz".

_____. (2013, 6 de septiembre). "Salvedad de la Corte en el Marco Legal para la Paz".

_____. (2013, 7 de septiembre). "No les estoy entregando nada a las Farc".

_____. (2013, 8 de septiembre). "Coletazos del paramilitarismo en Antioquia".

_____. (2013, 14 de septiembre). "Visitas de paz a La Habana y anuncios de justicia en Nueva York".

_____. (2013, 4 de octubre). "Los avances de la mesa según las Farc".

_____. (2013, 27 de octubre). "Otras salvedades de un internacionalista".

_____. (2013, 29 de noviembre). "Las Farc proponen legalizar hoja de coca".

_____. (2013, 21 de diciembre). "Plan para una asamblea constituyente".

_____. (2014, 12 de abril). "Proceso de paz: avances sin acuerdo".

_____. 2014, 18 de mayo.

_____. (2014, 29 de mayo). "Un consejo de la sociedad".

_____. (2014, 8 de junio). "Llegó la hora de las víctimas y la verdad".

El Tiempo. 1986, 16 de marzo.

_____. 1990, 8 de agosto.

_____. 1990, 2 de octubre.

_____. (1991, 9 de febrero). "Comunicado de la CGSB".

_____. 1991, 3 de agosto.

_____. 1991, 11 de agosto.

_____. 1991, 18 de septiembre.

_____. 1991, 26 de septiembre.

_____. 1991, 3 de octubre.

_____. 1994, 3 de abril.

_____. (1996, 7 de enero). "Frase de la semana".

_____. 2001, 19 de enero.

_____. (2002, 17 de diciembre). "Condena a primer exjefe 'para' por genocidio de la UP".

_____. (2005, 12 de mayo). "'Paramilitares que no respetan cese son combatidos militarmente' dijo el presidente Álvaro Uribe".

_____. (2005, 19 de diciembre). "Los policías se entregaron porque se quedaron sin munición".

_____. (2006, 5 de noviembre). "Proceso con los paras está en su momento más crítico".

_____. (2006, 3 de diciembre). "El mapa del paraescándalo".

_____. 2007, 31 de marzo.

_____. 2007, 30 de julio.

_____. 2008, 5 de mayo, p. 2.

_____. 2010, 20 de enero.

_____. 2010, 9 de febrero.

_____. 2010, 13 de abril.

_____. 2010, 9 de julio.

_____. 2010, 17 de diciembre.

_____. (2011, 27 de febrero). "Bandas, la gran amenaza".

_____. (2011, 20 de marzo). "El origen del paramilitarismo, según la Corte".

_____. 2011, 5 de mayo.

_____. 2011, 29 de mayo.

_____. 2011, 19 de diciembre.

_____. 2011, 22 de diciembre.

_____. 2011, 29 de diciembre.

_____. 2012, 28 de febrero.

_____. 2012, 13 de mayo.

_____. 2012, 5 de junio.

_____. 2012, 10 de junio.

_____. (2012, 12 de junio). "Arrancó gigantesca extinción de tierras despojadas por Farc".

_____. 2012, 17 de junio.

_____. (2012, 18 de agosto). "'El 93% de cultivos ilícitos del Cauca son de Farc': Policía".

_____. (2012, 20 de octubre). "Golpe al centro de acopio de coca de Farc en el Pacífico".

_____. 2012, 20 de noviembre.

_____. 2012, 30 de noviembre.

_____. (2012, 20 de diciembre). "Fedegán, ¿Por qué no asistimos al foro?".

_____. 2012, 26 de diciembre, p. 17.

_____. 2013, 20 de enero.

_____. 2013, 31 de enero.

_____. (2013, 5 de febrero). "'Vecino' dice que controlaron política de Salvador Arana".

_____. (2013, 20 de febrero). "Comienza recuperación de tierras despojadas por Farc".

_____. (2013a, 20 de febrero). "Duras críticas a la defensa del país por Palacio de Justicia".

_____. 2013, 21 de febrero.

_____. 2013, 24 de febrero.

_____. (2013, 8 de abril). "Farc perdieron 1.200 hombres en dos años".

_____. 2013, 20 de abril.

_____. (2013, 27 de abril). "La dura carta a la Comisionada Pillay".

_____. (2013, 29 de abril). "¿Habrá perdón para los delitos militares?".

_____. (2013, 19 de mayo). "Justicia transicional: más allá de la 'teoría del sapo'".

_____. 2013, 20 de mayo.

_____. (2013, 27 de mayo). "Primer acuerdo de Gobierno y Farc en proceso de paz".

_____. 2013, 28 de mayo.

_____. (2013, 19 de junio). "Los retos del fuero militar".

_____. 2013, 23 de junio.

_____. 2013, 24 de junio.

_____. (2013, 2 de julio). "Momento crucial para la paz".

_____. 2013, 7 de julio.

_____. (2013, 11 de julio). "La crisis en el Catatumbo enfrenta a Gobierno y ONU".

_____. (2013, 16 de julio). "Condenan a la Presidencia por robos en la zona de despeje".

_____. (2013, 23 de julio). "Farc ofrecen armas a los del Catatumbo".

_____. (2013, 3 de agosto). "Hoy levantan bloqueos en el Catatumbo".

_____. (2013, 15 de agosto). "Ya hay un borrador de acuerdo con campesinos del Catatumbo".

_____. (2013, 24 de agosto). "Farc no ponen las condiciones al proceso".

_____. 2013, 25 de agosto.

_____. (2013, 27 de agosto). "Santos abre el debate sobre límites a la paz".

_____. (2013, 29 de agosto). "Bendición de la Corte al marco jurídico para la paz".

_____. 2013, 7 de septiembre.

_____. (2013, 9 de septiembre). "Diálogos, con impulso a fondo".

_____. (2013, 15 de septiembre). "Ningún país hace tanto en justicia transicional como Colombia".

_____. (2013, 20 de septiembre). "Gobierno y Farc presionan decisiones para la otra ronda".

_____. (2013, 25 de septiembre). "Fiscal de la CPI se declaró 'aliada' de proceso de paz".

_____. (2013, 26 de septiembre). "Jefe de las Farc anuncia 'verdad' sobre mesa de paz".

_____. (2013, 29 de septiembre). "El poder de las Farc sobre 46.000 hectáreas de coca".

_____. (2013, 3 de octubre). "Hora de las definiciones".

_____. (2013, 13 de octubre). "'La responsabilidad de acelerar es de las dos partes' dice Andrés París."

_____. 2013, 13 de octubre.

_____. (2013, 14 de octubre). "No nos presionarán con actos terroristas".

_____. (2013, 20 de octubre). "Pensé que en un año terminaríamos".

_____. (2013, 1 de noviembre). "Última oportunidad para el ELN".

_____. (2013, 7 de noviembre). "El proceso de paz no se detendrá por las elecciones".

_____. (2013, 25 de noviembre). "En Arauca el ELN sufre su golpe más duro desde el 2010".

_____. 2013, 16 de diciembre.

_____. (2014, 15 de enero). "Control militar de zonas con cultivos ilícitos es necesario: expertos".

_____. (2014, 19 de enero). "Imagino a guerrilla en el Congreso".

_____. (2014, 20 de enero). "Santos analiza la consulta popular para refrendar los acuerdos con las Farc".

_____. (2014, 22 de enero). "Tras muerte de 21 guerrilleros, ordenan no bajar la guardia".

_____. (2014, 23 de enero). "Mitos sobre el proceso de paz".

_____. 2014, 26 de enero.

_____. (2014, 13 de mayo). "Las Farc destacan avances sobre drogas".

_____. 2014, 16 de mayo.

_____. (2014, 16 de junio "Desterraremos el odio de nuestra democracia".

_____. (2014, 17 de mayo). "Ya cruzamos la línea media".

_____. (2014, 19 de mayo). "Reunión de 'hacker' con Zuluaga alborotó campaña".

_____. 2014, 19 de mayo.

_____. (2014, 21 de mayo). "Un paso que hay que valorar".

_____. (2014, 30 de mayo). "La solución política del conflicto, lo único que nos une".

_____. (2014a, 30 de mayo). "Por la paz, apoyos de la izquierda se suman a Santos".

_____. (2014, 4 de junio). "Los "verdes" de Peñalosa se quedaron con Santos".

_____. (2014, 5 de junio). "Santos se queda con el voto de Clara López y el apoyo de Belisario".

_____. (2014, 11 de junio). "El ELN se acerca a la mesa".

Estrategia Nacional contra la Violencia. (1991, mayo). Bogotá: Presidencia de la República, p. 4.

Fajardo, Darío. (1986). *Haciendas, campesinos y políticas agrarias en Colombia, 1920-1980,* Bogotá: Centro de Investigaciones para el desarrollo, U. Nacional.

Ferro, Juan Guillermo y Uribe, Graciela. (2002). *El orden de la guerra. Las FARC-EP entre la organización y la política.* Bogotá: Centro Editorial Javeriano.

Flórez Malagón, Alberto. (2007). "Gobierno de Belisario Betancur Cuartas (1982-1986)". En *Gran Enciclopedia de Colombia, Historia,* t.3. Bogotá: Círculo de Lectores, p. 239.

García de Cortázar, Fernando y González Vesga, José Manuel. (1996). *Breve historia de España,* (II) Barcelona: Altaya.

García-Peña, Daniel. (2006, nov.), "La relación del Estado colombiano en el fenómeno paramilitar: por el esclarecimiento histórico", *Análisis Político,* No. 53. Bogotá: IEPRI, p. 59.

García Villegas, Mauricio. (2002). "La crisis del contrato social en Colombia". En VV.AA., *Pluralismo, Tolerancia, Conflicto.* Bogotá: Universidad de la Sabana, Departamento de Filosofía, p. 186.

Garzón, Juan Carlos. (2005). "La complejidad paramilitar: una aproximación estratégica". *El Poder Paramilitar.* Bogotá: Planeta, p. 101.

Gaviria, José Obdulio. (2005). *Sofismas del terrorismo en Colombia,* Bogotá: Planeta.

_____. (2005a). Simposio Internacional Justicia Restaurativa y paz en Colombia, 9 al 12 de febrero, Cali.

Gómez Albarelo, Juan Gabriel. (2000). "Sobre las constituciones de Colombia". En *Colombia, cambio de siglo. Balances y perspectivas.* Bogotá: IEPRI - Planeta, p. 260.

Gómez Mejía, Ana Lucía. (1999). "Conflicto territorial y trasformaciones del paramilitarismo", monografía de grado. Bogotá: Cider-Universidad de los Andes, p. 21.

González Rey, Sergio. (2007). "Regímenes políticos", En *Gran Enciclopedia de Colombia. Instituciones,* t. 1, Bogotá: Círculo de Lectores.

Gutiérrez Cely, Eugenio. (2007). "El Radicalismo (1860-1878)". En *Gran Enciclopedia de Colombia, Historia,* t. 2, Bogotá: Círculo de Lectores, p. 248.

Gutiérrez Sanín, Francisco. (2000). "Democracia dubitativa". En *Colombia, cambio de siglo. Balances y perspectivas*. Bogotá: IEPRI - Planeta, p. 115.

_____. (2006, mayo-agosto). "Estrenando sistema de partidos", *Análisis Político*, No. 57, Bogotá: IEPRI, Universidad Nacional, p. 110.

Hartlyn, Jonathan. (1993). *La política del régimen de Coalición. La experiencia del Frente Nacional en Colombia*. Bogotá: Tercer Mundo - Uniandes.

Henao, Jesús María y Arrubla, Gerardo. (1985). *Historia de Colombia*, t. 2, Bogotá: Academia Colombiana de Historia, Plaza y Janés Editores.

ICG, International Crisis Group. (2002, 26 de marzo). "La esquiva búsqueda de la paz en Colombia", No. 1, Bogotá/Bruselas: Informe sobre América Latina.

_____. (2007, 10 de mayo). "Los nuevos grupos armados de Colombia", No. 20, Bogotá/Bruselas: Informe sobre América Latina.

"Informe conjunto de la mesa de conversaciones", (2014, enero). La Habana, p. 26.

Jaramillo, Carlos Eduardo. (2007). "La Guerra de los Mil Días". En *Gran Enciclopedia de Colombia. Historia*, t. 3. Bogotá: Círculo de Lectores, p. 56.

Jiménez Gómez, Carlos. (1986). *Una Procuraduría de opinión. Informe al Congreso y al país*. Bogotá: Editorial Printer Colombiana, pp. 118-119.

Jiménez Martín, Carolina. (2006, septiembre-diciembre). "Momentos, escenarios y sujetos de la producción constituyente. Aproximaciones críticas al proceso constitucional de los noventa", *Análisis Político*, No. 58. Bogotá: IEPRI, Universidad Nacional, p. 139.

Jiménez Mendoza (teniente coronel). (1965). "Autodefensas", Bogotá: *Revista de las Fuerzas Armadas.*

Kalmanovitz, Salomón. (1985). *Economía y nación. Una breve historia de Colombia.* Bogotá: Cinep - Siglo XXI Editores, p. 343.

_____. (2010). *Nueva historia económica de Colombia,* Bogotá: Taurus-Universidad Jorge Tadeo Lozano, p. 99.

Leal Buitrago, Francisco. (2002). *La seguridad nacional a la deriva. Del Frente Nacional a la Posguerra Fría.* Bogotá: Alfaomega, Ceso-Uniandes.

_____. (2011). "La crisis política en Colombia: alternativas y frustraciones". *Análisis Político,* Edición Especial IEPRI 25 años, Bogotá: Universidad Nacional, p. 69.

LeGrand, Catherine. (1988). *Colonización y protesta campesina en Colombia. 1850-1950,* Bogotá: Universidad Nacional de Colombia.

Lemperiere, Annick. (2006). En *Las revoluciones en el mundo atlántico,* Bogotá: Universidad Externado de Colombia - Taurus.

"Los costos económicos del conflicto armado en Colombia: 1990-1994". (1995). Bogotá: Departamento Nacional de Planeación.

Los papeles de Tlaxcala. (s.f.). s. e., p. 48.

López Garavito, Luis F. (1992). *Intervencionismo de Estado y economía en Colombia,* Bogotá: Universidad Externado de Colombia.

López Restrepo, Andrés. (2007). "Gobierno de Julio César Turbay Ayala (1978-1982)". En *Gran Enciclopedia de Colombia, Historia,* t.3. Bogotá: Círculo de Lectores, p. 232.

Machado, Álvaro. (1979). "Políticas Agrarias en Colombia" (mecanografiado), Bogotá.

Mcfarlane, Anthony. (2009). "La caída de la monarquía española y la independencia hispanoamericana". En Marco Palacios (coord.),

Las independencias hispanoamericanas. Interpretaciones 200 años después. Bogotá: Editorial Norma.

Meisel Roca, Adolfo. (2012, febrero 11). "Bolívar, 1812", *El Espectador.*

Mendoza, Plinio Apuleyo. (2013, 8 de agosto). "La estrategia secreta de las Farc", *El Tiempo.*

Mesa, Darío. (1980). "La vida política después de Panamá. 1903-1922". En *Manual de Historia de Colombia*, vol. III. Bogotá: Instituto Colombiano de Cultura, p. 106.

Montenegro, Armando. (2012, 29 de enero). "La carroza de Bolívar", *El Espectador.*

N.C.O.S, SAGO, et al. (1995). *Tras los pasos perdidos de la guerra sucia, paramilitarismo y operaciones encubiertas en Colombia,* Bruselas: Ediciones N.C.O.S., p. 7.

Ocampo López, Javier. (2007). "La primera república granadina (1810-1816)". En *Gran Enciclopedia de Colombia. Historia,* t. 2, Bogotá: Círculo de Lectores.

_____. "El Estado de la Nueva Granada (1832-1840)". En *Gran Enciclopedia de Colombia. Historia,* t. 2, Bogotá: Círculo de Lectores.

Ortiz Rodríguez, María Carlota. (2007). "Gobierno de Andrés Pastrana Arango (1998-2002)". En *Gran Enciclopedia de Colombia, Historia,* t. 3. Bogotá: Círculo de Lectores.

Osuna Patiño, Néstor Iván. (2007). "Constituciones de Colombia: un Estado en formación". En *Gran Enciclopedia de Colombia. Instituciones,* t. 1, Bogotá: Círculo de Lectores.

Ospina Vásquez, Luis. (1979). *Industria y Protección en Colombia 1810-1930,* Medellín, p. 360.

Palacios, Marco. (1995). *Entre la legitimidad y la violencia. Colombia 1875-1994.* Santafé de Bogotá: Editorial Norma.

Palacios, Marco y Safford, Frank. (2002). *Colombia: país fragmentado, sociedad dividida. Su historia.* Bogotá: Editorial Norma.

Pardo Rueda, Rafael. (2004). *La historia de las guerras,* Bogotá: Ediciones B Colombia.

_____. (2004a, 21 de noviembre). "Lo más conveniente es aplazar la desmovilización". *El Colombiano.*

Pearce, Jenny. (1992). *Colombia dentro del laberinto.* Bogotá: Ediciones Altamira, p. 218.

Pecaut, Daniel. (1973). *Política y Sindicalismo en Colombia,* Bogotá: La Carreta, p. 135.

_____. (2000). "Colombia: una paz esquiva". *Revista Colombiana de Sociología,* Departamento de Sociología, Bogotá: Universidad Nacional, p. 15.

Pino Iturrieta, Elías. (2001). *La independencia a palos,* Caracas: Editorial Alfa.

Pizarro, Eduardo. (2009, 30 de noviembre). "Paramilitares o bandas criminales?". *El Tiempo.*

_____. (2011, 10 de mayo). "Las Farc y el reconocimiento de beligerancia", *El Tiempo.*

Posada Carbó, Eduardo. (2001). *¿Guerra Civil? El lenguaje del conflicto en Colombia.* Bogotá: Alfaomega, p. XIV.

_____. (2012, 30 de marzo). *El Tiempo.*

_____. (2012a, 10 de febrero). "Constitución histórica. Las fiestas de Cádiz", *El Tiempo.*

_____. (2012b, 18 de mayo). "El constitucionalismo. Reencuentro con la Patria Boba". *El Tiempo.*

Ramírez Tobón, William. (1981, mayo-agosto). "La guerrilla rural en Colombia: ¿una vía hacia la colonización armada?". Bogotá: *Estudios Rurales Latinoamericanos,* No. 2, p. 202.

Rangel, Alfredo. (s.f.) "Conflictividad territorial en Colombia", Informe final, Doc. Fundación Buen Gobierno, p. 245.

Restrepo, José Manuel. (1970). *Historia de la revolución de Colombia*, t. VI, Medellín: Editorial Bedout.

Rodríguez Raga, Juan Carlos (ed.), (2000). *Colombia. Cambio de siglo. Balances y perspectivas*. Bogotá: Instituto de Estudios Políticos y Relaciones Internacionales. Universidad Nacional de Colombia - Editorial Planeta.

Rojas, Diana Marcela. (2006, mayo/agosto). "Balance de la política internacional del Gobierno de Uribe", *Análisis Político*, No. 57. Bogotá: IEPRI, p. 87.

Romero, Mauricio. (2003). *Paramilitares y Autodefensas: 1982-2003*. Bogotá: IEPRI - Editorial Planeta, p. 36.

Samper, José María. (1971). *Historia de un alma*. Medellín: Editorial Bedout.

Sánchez, Gonzalo y Aguilera, Mario (eds.). (2001). "Introducción". En *Memoria de un país en guerra. Los Mil Días 1899-1902*, Bogotá: Planeta - IEPRI, p. 22.

Sánchez, Gonzalo y Meertens, Donny. (1983). *Bandoleros, gamonales y campesinos. El caso de la Violencia en Colombia,* Bogotá: El Áncora Editores, p. 42.

Santos Calderón, Enrique. (1985). *La guerra por la paz*. Bogotá: Cerec, p. 265.

Semana. (1989, 11 de abril). "El *dossier* paramilitar".

_____. (1994, 20 de diciembre). "La batalla del glifosato".

_____. (2000, 17 de enero). "Las Farc no son fuerza beligerante".

_____. (2000, 11 de diciembre). "¿Con las manos en la masa?".

_____. (2004, 14 de junio). "¿Con quién se está negociando?".

_____. (2004, 1 de noviembre). "¿La última carta?".

_____. (2005, 23 de mayo). "La conexión mexicana".

_____. 2006, 26 de marzo, p. 16.

_____. (2007, 20 de agosto). "¿Qué son las Águilas Negras?".

_____. (2008, 2 de junio). "Se crece el enano".

_____. (2008, 11 de agosto). "Con esos amigos…".

_____. (2009, 11 de mayo). "Entrevista", p. 32.

_____. (2009, 28 de diciembre). "Golpes silenciosos".

_____. (2010, 2 de agosto). "La victoria estratégica".

_____. (2011, 31 de enero). "Lentos positivos".

_____. (2012, 6 de febrero). "Las sorpresas del fallo".

_____. (2012, 3 de diciembre) "Bandas desbandadas".

_____. (2013, 21 de enero). "Sí se puede".

_____. (2013, 25 de febrero). "La peor defensa".

_____. (2013, 13 de mayo). "¿Paz o Justicia?".

_____. (2013, 17 de junio). "La Constituyente no es el camino".

_____. (2013, 17 de junio). "El Gran Pulso".

_____. (2013, 24 de junio). "Para lograr la paz no es necesario reformar la Constitución".

_____. (2013, 3 de junio). "El corazón de la Inteligencia".

_____. (2013, 8 de julio). "La prueba ácida del proceso de paz".

_____. (2013, 29 de julio). "¿Al Capitolio o a La Picota?".

_____. (2013, 12 de agosto). "Colombia según las Farc".

_____. (2013, 2 de septiembre). "Se hará Justicia....Transicional".

_____. (2013, 23 de septiembre). "La larga marcha de La Habana".

_____. (2013, 14 de octubre). Paz: no hay camino fácil.

_____. (2013, 21 de octubre). Congelar o no congelar.

_____. (2013, 11 de noviembre). "Cero y van dos".

_____. (2013, 18 de noviembre). "Se corrige la Historia".

_____. 2014, 10 de febrero.

_____. (2014, 18 de mayo). Final de infarto.

_____. (2014, 18 de mayo). "El video del "hacker".

_____. (2014, 8 de junio). "La Hora Cero".

_____. (2014, 8 de junio). La Habana: la hora de las víctimas".

Sierra, Álvaro. (2004, 26 de junio). "El complejo cuadro de la coca", *El Tiempo*.

Taborda, Iván Marín. (2007). "La hegemonía conservadora (1900-1930)". En *Gran Enciclopedia de Colombia. Historia*, t. 3, Bogotá: Círculo de Lectores, p. 97.

Tirado Mejía, Álvaro. (1976). "La tierra durante la República (siglos XIX y XX)". En *La Nueva Historia de Colombia*. Bogotá: Biblioteca Básica Colombiana, Instituto Colombiano de Cultura.

_____. (1981). *Aspectos políticos del primer Gobierno de Alfonso López Pumarejo 1934-38*, Bogotá: Instituto Colombiano de Cultura.

Torres del Río, César. (2007). "Gobierno de Mariano Ospina Pérez (1946-1950)". En *Gran Enciclopedia de Colombia, Historia*, t.3, Bogotá: Círculo de Lectores, p. 154.

Valencia, León. (2012, 9 de abril). "La entrevista a Raúl Hasbún". *Semana.*

Varela, David Fernando. (1998). *Documentos de la Embajada. 10 años de historia colombiana según diplomáticos norteamericanos (1943-1953),* Bogotá: Planeta, p. 68.

Vargas, Mauricio. (2013, 13 de mayo). "El ministro de la paz", *El Tiempo.*

VV.AA., *Nuestra guerra sin nombre. Transformaciones del conflicto en Colombia.* Instituto de Estudios Políticos y Relaciones Internacionales, IEPRI, Editorial Norma, Bogotá, 2006.

Waldmann, Peter. (1999). "Guerra civil: aproximación a un concepto difícil de formular". En Peter Waldman y Fernando Reinares (comp.), *Sociedades en guerra civil. Conflictos violentos de Europa y América Latina,* Barcelona: Paidós.